女學生手帖

大正・昭和　乙女らいふ

弥生美術館・内田静枝＝編

河出書房新社

中原淳一「暮春頌」『少女の友』
昭和10年5月号口絵　印刷

目次

Contents

はじめに

いつの時代も乙女は美しいもの、愛らしいものに心ひかれますが、可憐で優美な少女文化が最も花開いたのは、大正〜昭和初期（第二次世界大戦前の昭和十五年頃まで）の女学生たちの間であるといえましょう。乙女のバイブルとして今なお名高い吉屋信子の「花物語」、高畠華宵描く麗人や中原淳一描く清らかな少女が生まれたのは、この時代、少女雑誌を舞台にしてのことでした。

本書では女学生たちに愛読された少女雑誌から、大正・昭和の少女文化を多角的にご紹介します。

人気画家が描いた抒情画にはロマンチックな美意識があふれています。〈エス〉とよばれた上級生と下級生との甘やかな交流を描いた少女小説からは、優雅で上品ながらも凛とした内面の強さを持つ理想の乙女の姿が浮かび上がってきます。実際の女学生生活を活写した写真や資料の数々からは、美しいもの可愛いものが大好きで、いきいきとした輝きにあふれる少女たちの姿がみてとれます。そして、身の上相談や広告記事からは、今も昔もかわらぬ、思春期の少女の懸命さやいじらしさが伝わってきます。

現在の乙女文化のルーツであり、今なお乙女心をくすぐるエッセンスが満載の、大正・昭和の女学生の世界をどうぞお楽しみください。

雑誌からの引用記事については仮名遣いを現代仮名遣いに、常用漢字は新字体にあらため、明らかな誤植については訂正し、適宜句読点、ふりがなを補いました。

「卒業を控えて（中野高等女学校）」
『少女画報』昭和7年3月号より

『少女画報』(東京社〜新泉社)

明治45年(1912)創刊。婦人雑誌『婦人画報』の妹雑誌として誕生しました。発行当時は教育学者の倉橋惣三らが編集顧問に名を連ね、教育的な傾向が強いのが特徴でした。大正中期に、まだ無名だった吉屋信子の才能を見いだし、「花物語」を掲載したのは特筆すべき点です。大正末以降は、人気画家高《たか》畠《ばたけ》華《か》宵《しょう》の起用に加え、宝塚や松竹少女歌劇団や映画など芸能関係の記事を多数掲載し、娯楽性を強めていきました。その一方で、教育者の訓話、有名女学校の訪問ルポや学生からの投稿を積極的に掲載するなどし、女学生の日常生活と興味に密着したバランスのとれた編集を行っていました。

昭和17年(1942)、戦時雑誌統合令により『少女の友』に統合されました。

昭和5年4月号表紙(高畠華宵/画)

『少女倶楽部』(大日本雄弁会講談社)

大正12年(1923)創刊。大日本雄弁会(現・講談社)の宣伝力、販売ルートをバックに、圧倒的な発行部数を誇った少女雑誌。本書であげた4誌の中では最も年少の、小学校高学年から女学校低学年の少女をターゲットにしています。そのため、受験シーズンになると女学校入試のための心得が掲載されました。長編小説に力を入れていたのが特徴で、貧しい少女が苦難を乗り越え幸せをつかみとるという立身出世的な小説が多く掲載されました。テレビドラマ「乳兄弟」「冬の輪舞」の原作としてお馴染《なじ》みの「あの道この道」は、吉屋信子《よしやのぶこ》が『少女倶楽部』読者の好みを上手くとらえて描いたものです。ふろくの豪華さも大きな魅力でした。

戦後は『少女クラブ』と改名し、昭和38年(1963)からは『週刊少女フレンド』へと発展しました。

昭和9年3月号表紙(多田北烏/画)

大正・昭和の人気少女雑誌4選

『令女界』(宝文館)

大正11年(1922)創刊。本書にあげた4誌の中では購読者の年齢が最も高く、女学校高学年〜20歳前後の未婚女性までをターゲットにしていました。創刊時から抒情画家の蕗《ふき》谷《や》虹《こう》児《じ》をメインに据え、都会的で洗練された誌面作りを展開しました。大正14年(1925)に虹児がパリに留学すると、虹児のパリ通信が掲載されました。アール・デコが花開いた当時のパリの流行や風俗が、日本の若い女性にリアルタイムで伝わっていたのは注目すべきことです。

読者層を反映し、美容相談や身の上相談が充実していたのも特徴的でした。男女の恋愛を描いた小説も掲載され、真面目な女学生の間では、『令女界』は軟派な少女が読むもの、とのイメージもあったようです。戦後も引き続き刊行されましたが、昭和25年(1950)に休刊しました。

昭和3年10月号表紙(蕗谷虹児／画)

『少女の友』(実業之日本社)

明治41年(1908)創刊。昭和30年(1955)に休刊するまで48年の歴史を誇ります。これは同名タイトルの少女雑誌としては日本最長記録です。大正末〜昭和の初めには、講談社の『少女倶楽部』と販売競争を繰り広げていましたが、昭和6年末に内山《うちやま》 基《もとい》が編集長となると、優美でリリカルな誌面作りを進め、差別化を図りました。中原淳一を見いだし育てたのも内山です。戦前の少女雑誌で淳一の絵が載っていたのは『少女の友』だけでした。中原淳一という希代のアーティストを得て、『少女の友』は都市部のおしゃれな女学生たちに圧倒的な人気を誇りました。

また、投稿欄が充実し、編集部と読者、読者同士の交流が密だったのも特徴で、今なお当時を懐かしむ愛読者が少なくありません。

昭和15年4月号表紙(中原淳一／画)

本書では大正・昭和の少女文化を当時女学生たちに読まれた雑誌からみてゆきます。現代の中高生がそうであるように、古《いにしえ》の女学生たちも、皆、雑誌が大好きでした。テレビやインターネットもなかった時代、少女のための娯楽は雑誌が最たるものでした。ですから、1冊の雑誌が与える喜びは、今とは比べものにもならないほど大きかったのです。彼女たちは月に一度の発売日を首を長くして待ち、心躍らせて大切に大切にページをめくりました。80年近い時間の経過にもかかわらず、幸運にも現代まで残った少女雑誌の数々は、私たちを大正・昭和の乙女ワールドに誘ってくれるタイムカプセルです。本書では当時の人気雑誌を4誌取り上げました。これらの雑誌にはそれぞれ特徴があります。

表紙

雑誌の顔となる部分です。現在の雑誌表紙を旬《しゅん》のタレントや女優の写真が飾るのと同様、当代一流の人気画家が筆を振るいました。当時は写真のカラー印刷が発展途上だったため、雑誌表紙はイラストで表現されていました。表紙の出来ばえが売れ行きを大きく左右するとあり、各誌とも創意工夫を凝らしています。時代性やそれぞれの雑誌の特色が象徴的に現れている部分です。

口絵

雑誌本体から独立したビジュアルページです。人気画家のイラストがカラーもしくは2色刷で掲載されました。写真のように、切り離してピンナップになる〈折込口絵《おりこみくちえ》〉がつけられることもありました。口絵を丁寧に切り抜き、スクラップ帳に納めて大切に楽しむ人も多く、なかにはお嫁入り道具の一つとして持参した人もいるほどです。

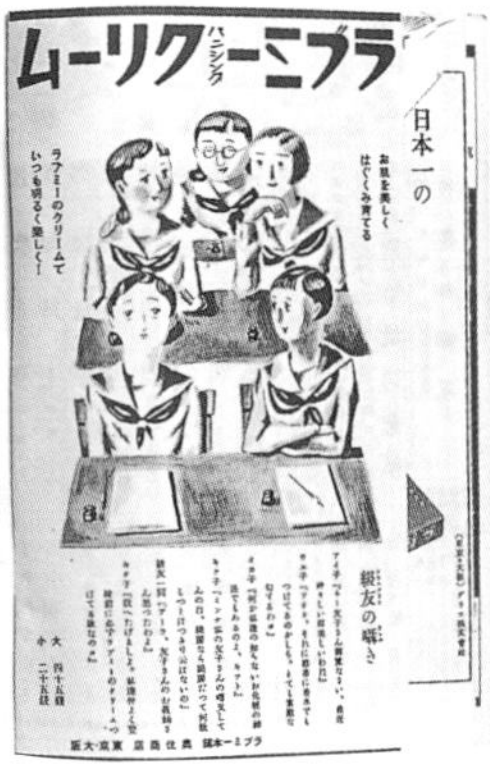

雑誌の構成エトセトラ

大きさはどの雑誌もA5判といわれる、縦22センチ横15センチ大のものでした。大正期はページ数も少なく、紙質もよくありませんでしたが、昭和に入ると質量ともに充実しました。『少女の友』、『少女倶楽部』では300ページを軽く超えていました。『少女倶楽部』昭和13年4月号では400ページに達し、背表紙の厚さが2センチ近くにもなりました。『少女画報』で300ページ前後、『令女界』では280ページ前後が定番でした。価格は大正元年〜昭和15年の約30年間ほとんど変動せず、おおむね50銭でした。昭和9年にそばが10銭、昭和12年にとんかつが25銭、という物価でしたから、現在の雑誌よりずっと高価なものでした。

写真グラビア

モノクロがほとんどです。カラーの場合はモノクロ写真に着色を施しましたが、着色写真では自然な味わいが損なわれましたので、カラー口絵に準ずるものでした。しかし、宝塚や松竹少女歌劇団の舞台写真、名家の令嬢のポートレートなど、実写ならではの迫力と魅力は充分。人気作家や挿絵画家のポートレートもたびたび掲載されました。当時の様子を知る資料としても貴重なものです。

小説

ページ総数の大部分を占めたのが小説です。当時は現在のようなストーリー漫画はなく、すべて小説でした。そして、一本の小説には数枚の挿絵が添えられ、読者のイメージを喚起しました。なかには小説よりも、挿絵の人気が勝ったものもあったようです。吉屋信子を筆頭に、川端康成、横山美智子、北川千代、佐藤紅緑らが起伏に富んだ物語を展開しました。挿絵では高畠華宵、蕗谷虹児、中原淳一、松本かつぢらが人気を誇り、加藤まさをは小説と絵と両方よくしました。

これらの小説は、ほとんどの場合、読者と同じ年齢層の少女が主人公です。それゆえ、現在ではひと口に〈少女小説〉とカテゴライズされていますが、模範的な少女が主人公の訓育的な内容のもの、運命に翻弄される少女が幸せをつかむ立身出世型のもの、甘やかでロマンチックなもの、とバリエーションに富んでいます。

その他、時代小説や探偵小説、ユーモア小説や社会的な視点を含んだ小説などもありました。「若草物語」や「秘密の花園」といった海外の少女小説、世界の名作物語なども紹介されました。

その他

巻末には読者投稿欄がありました。小説、エッセイ、短歌、詩、絵画など、文芸に秀でた読者たちは競って投稿しました。雑誌によっては入選を重ねると表彰される仕組みもあり、投稿を足がかりとしてプロの道に入る人もいました。吉屋信子や北川千代、挿絵画家の深谷美保子などは投稿家出身です。

その他、掲示板的なページがあり、読者たちは誌上で交流を深めました。編集部員を招いての愛読者集会もさかんでした。

『少女倶楽部』昭和9年4月号より

雑誌のもう一つの魅力がふろくでした。ふろくの出来ばえ如何で雑誌の売り上げも変わるとあり、各誌はこぞってふろくをつけました。とくに『少女倶楽部』では、その数や豪華さを喧伝《けんでん》していました。「5大ふろく」「10大ふろく」は当たり前。なかには組み立てると少女の背丈ほどにもなる羽子板もありました。ただし、当時のふろくはすべて紙製品と定められていましたので、実際の使用は不可能でした。
『少女の友』ではむしろ紙の性質を生かし、カードや詩集など、小さくて可愛らしいふろくの開発に目を向けました。これらは、現在のファンシー・グッズの元祖ともいえます。
その他、お人形の型紙や、別冊の単行本なども定番でした。

夢がいっぱい！ ふろくの数々

松本かつぢ　昭和初期

Part 1 「花物語」によせて

乙女のバイブルとして名高い吉屋信子の「花物語」。52の花によせた短編連作集です。第一作「鈴蘭」が『少女画報』誌上で発表されたのは大正5年（1916）。信子がまだ20歳の時でした。独特の美文体で少女の心が繊細に綴《つづ》られたこの短編集は、これまでの少女小説とまったくタッチの違うものでした。大正9年（1920）には単行本化され、以後、時代時代の乙女たちに読み継がれ、現在も版を重ねるベストセラーです。本書では「花物語」の一節を、当時の少女雑誌に掲載された美しい抒情画とともにお届けします。

中原淳一「薔薇ひらく」『少女の友』昭和15年6月号口絵
紙・水彩　早稲田大学會津八一記念博物館蔵

高畠華宵「ばらの幻想」　華宵便箋表紙原画　大正末〜昭和初期　墨・水彩

「黄薔薇」

そして右手には花の一束、真白い洋紙に覆われた隙から仄《ほの》もる花の面影は、これぞこれ、露も滴らん朝浄き眠りより眼覚めて温室の窓を出でたるばかりと見ゆる黄薔薇の花！　あわれ、黄薔薇の花！

（「黄薔薇」より）

＊挿絵は「花物語」のものではありません。
本文にあったイメージの抒情画を添えました。

「睡蓮」

『私、こんな夢をみたの、あのね、静かな静かな山の頂《いただ》きの湖水、その湖のきわに私が立っているの、そしてその湖の面《おも》には、きれいなきれいな睡蓮《すいれん》の花が咲いているの。「まあきれいだこと、私とてもこんなにきれいに画けなかったけれど」とあの絵の事をまた心配しているの、こんな美しい湖の花をあなたにもお見せしたいとすぐに思い出して、あなたの名を呼んだのよ、いくら呼んでもお返事がないの、私悲しくなって泣きそうになり、花を見ていると、まあ吃驚《びっくり》した、あなたがいつの間にか湖の中に、水の上に睡蓮《すいれん》の花の中に、すらりと立っていらっしゃるじゃあないの、あらっと私はほんとうに驚いてしまって、夢中になり、寛子《ひろこ》さん、寛子《ひろこ》さん、私がここにいるのよ、大きな声で呼ぶと、ちらっとあなたが、私を見返るの、けれどもねえ、それは冷たい素気《そっけ》ないまなざしを投げて、そっぽをむいておしまいになるのよ。……』

（「睡蓮」より）

蕗谷虹児「睡蓮と少女」『少女の友』昭和8年9月号口絵　印刷

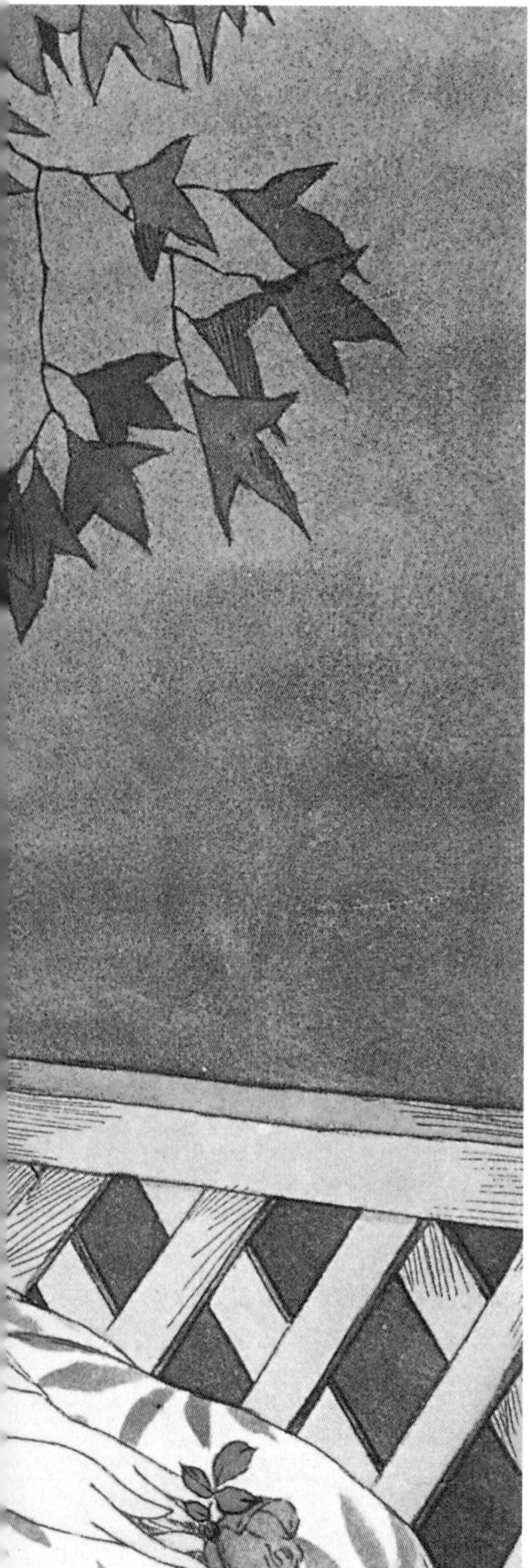

「日陰の花」

『わたしたち……日陰の花なのね……』

ある宵《よい》、かの露台《ろだい》に月光を浴びて、ふたありの立った時、満寿子《ますこ》が嫋《たお》やかな腕をあげて、つと環《たまき》の肩に巻きつつ、ためらいがちに囁やいた。

『ええ日陰の花なのね……けれどいいわ、わたし達、日の光には咲かずとも、月の青白い光に濡れて、咲けばねえ……』

環《たまき》はいとしきひとに、かく答えた。

――こよいもまた、あえかなる日《ひ》影《かげ》の花ふたつ、月光流るる露台《ろだい》に咲き立つものを――。（「日陰の花」より）

〈エス〉って何？

大正・昭和の女学生ライフを理解するキーワードとなるのが〈エス〉です。これは英語の「Sister」の頭文字をとったもので、上級生と下級生とが特別に仲良くなることを指します。手紙の交換をしたり、お揃いの髪型にしたりといった他愛ない交際が中心でしたが、親友同士とは違う関係でした。必ず一方が庇護者である〈お姉さま〉となり、もう一方が守られる側の〈妹〉であること、一対一の関係であることが基本でした。若い女教師と生徒という組み合わせもありました。

中原淳一「名ごりのばら」『少女の友』昭和9年10月号口絵　印刷

「あやめ」

あやめの花の精——。

ふさ子は、それを信じた。

（持っていらしって）

と、傘の柄を向けたとき、その唇をもれた声音は、あの、あやめの花の一束に、綺麗な清水をそそいで、一振ふったような、しゃきっとした調《トーン》であった。

（「あやめ」より）

高畠華宵「かほる微風」『少女画報』昭和5年5月号口絵　印刷

高畠華宵『少女画報』昭和3年3月号表紙　印刷

「スイートピー」

『そら、あれ、あれね、紅《あか》いリボン、わかった？』

　江木《えぎ》さんが囁きながら指さす——真弓《まゆみ》がその方《ほう》を見ると、深紅《しんく》のリボンそよぐその子は……さっき、寄宿舎から出て来る途中、佐伯《さえき》さんと立ち話の傍《そば》を通っていったそのひとである。

『ね、あのひとが今年度の一大傑作でしょう』と江木《えぎ》さんは真顔《まがお》で言う。近くのひと達はそれを聞いてくすくす笑う、中には不快そうに眉をよせて、『いやよ、そんなへんな上級生意識を発揮《はっき》しては』とたしなめて怒っている人もある。ほんとに江木《えぎ》さんたら、あけすけなひとである。


（「スイートピー」より）

女学生とは？

義務教育は六年間だけ

　本書では〈女学生〉をキーワードに、大正・昭和の少女文化をご紹介しています。本書を読み進めていただく前に、〈女学生〉とはどんな存在だったのか、少しお話ししておきたいと思います。

　本書でいう〈女学生〉とは、おおまかに女子学生を指すのではなく、〈女学校に通っている学生〉を意味しています。そしてこの女学校とは〈高等女学校〉のことです。

　大正～昭和戦前の学校制度は現在のものとは異なりますので、まずは当時の学校制度について簡単に整理しておきましょう。

　この時代の学校制度は〈複線型〉と呼ばれ、今より複雑でした。現在のような小学校六年→中学校三年→高等学校三年という〈六・三・三制〉ができたのは、第二次世界大戦後の昭和二十二年（一九四七）のことです。それ以前の日本の教育制度はこのような〈単線型〉ではなく、義務教育終了後にいくつか複数のコースが並立されていました。各コースは入学資格も、学習内容も、修業年数もまちまちで、さらにいえば、時代によってたびたび変更されましたので、明治五年（一八七二）の学制発布から戦後の〈六・三・三制〉に至るまでの教育制度の変遷を正しく把握するには少々根気がいります。ですから、ここでは大正元年～昭和十五年の教育事情のアウトラインを述べるにとどめます。

　この当時、義務教育は六年制の尋常《じんじょう》小学校だけでした。尋常小学校を卒業すると、進学希望者は入学試験を受けて、それぞれの学校へ進みました。代表的なのは〈中学校〉〈実業学校〉〈高等女学校〉といったところです。その他、入学が容易で、なおかつ学費も安い〈高等小学校〉がありました。

　男子には中学校、実業学校、高等小学校への進学の道が開かれていました。注意したいのは、この中学校が、現在のそれとはかなりイメージが異なる点です。学業優秀な男子だけが進める学校で、彼らの多くは中学校を卒業後、ゆくゆくは大学に進み、将来的には偉い役人や学者になることが約束されました。つまり、中学校はいわゆるエリートたちが学ぶ学校だったのです。

二つの女学校

　一方、女子には〈高等女学校〉（四年制が基本）と〈高等小学校〉（二年制が基本）への進学の道が開かれていました。高等小学校は男女共学でしたが、クラスは男子、女子と分かれていました。

　そして、この〈高等女学校〉には〈高等女学校〉と〈実科高等女学校〉がありました。広義にはこの二つを〈女学校〉と呼びましたが、やはり実科高等女学校と高等女学校との間には歴然とした違いがありました。実科高等女学校は学生数も少なかったので、〈女学校〉といえば、まず高等女学校のことを指しました。

　実科高等女学校は裁縫や料理など家政を主に勉強する学校です。年限も、二年、三年、四年とまちまちで、地方の中流家庭の子女を対象としたものでした。

　それに比べて高等女学校は学問に主力を置いていました。男子の中学校に相当する女子のエリート校だと考えて良いでしょう。しかし、中学校と同等でなく、年限は中学校より一年ほど短く、英語や数学の時間が少なく、その分、家政系の科目が多く盛り込まれていました。そもそも高等女学校は、日本の国力を高めるには家庭を切り盛りし、子を育てる女性が賢くなくてはならないという考えから、明治三十二年（一八九九）に制度化されたものでした。けれども、女性が一家の主たる男性より賢くなっても困るという男尊女卑《だんそんじょひ》の考え方があり、このような位置づけになったのです。

超難関お嬢様女子校!!

　大正九年（一九二〇）に五年制が認められるようになると、高等女学校は従来通りの四年制の学校と、五年制の学校とが並立することになりました。もちろん、五年制の方がレベルが高いとされ、都市部の女学校は次々と五年制へ切り替えました。しかし、地方では依然として四年制が主流で、五年制の卒業生と四年制の卒業生とには微妙なわだかまりもあるそうです。

　高等女学校の進学率に目を転じると、大正四年に五・〇％、大正十四年に一四・一％、昭和十年には一六・五％となっています。（『日本の教育統計』より）

　この進学率からわかるように、高等女学校で学べた女子の数は限られていました。第一に、学校の数が非常に少なかったのです。昭和十年（一九三五）に、全国で公立・私立あわせて約八〇〇校しかありませんでした。（『学制百年史』より）地方によっては、県に女学校が数校しかないところもありました。ですから、高等女学校入試は狭き門でした。

　第二に、女学校の月謝は高く、経済的に余裕がある家庭の子女しか進学できない事情がありました。高い学力を持ちながらも、経済的な支えがない少女は、高等女学校への進学を諦めざるをえませんでした。（このような少女は月謝の安い高等小学校へ進み、さらにとくに優秀な生徒は女子師範学校をめざしました。）

　加えて、たとえ裕福でも「女に学問はいらない」という考えを持った家庭も少なくありませんでした。

　ですから、高等女学校への進学は、少女自身の学力はもちろんのこと、経済的条件と両親の理解にも恵まれないとかなわなかったのです。言い換えれば、女学生であることは、その少女が家庭環境にも知性にも恵まれた少女である証《あかし》でした。それゆえ、女学生は自分が女学生であることに誇りを持ち、また人々から憧れの眼差しを向けられていたのです。

　彼女たちを現代におきかえるとどんな感じでしょうか？　高等女学校には現在の年齢で十二歳〜十六もしくは十七歳の女子が通っていましたので、年齢的には現在の中高生に相当します。ただし、ごく限られた少女しか進学できませんでしたので、あえていえば、〈中高一貫教育の超難関お嬢様女子校の生徒〉といったところになるでしょうか。

松本かつぢ「SASAYAKI NO KOMICHI」『少女の友』昭和9年 9月号口絵　印刷

「雛芥子」

『あなた何年のお方?』と志磨《しま》さんが問う。

『私、一年の東組』と幼い人は答える。

『そう、お名前は何?』

『当てて頂戴《ちょうだい》』

『さあ、松子《まつこ》さん、竹子《たけこ》さん、梅子《うめこ》さん、鶴子《つるこ》さん、亀子《かめこ》さん?』

『いいえいいえ、皆違うわ、おかしいわ、亀子《かめこ》さんなんて――』

椅子は烈しく揺れた、波にゆられる小舟のように二人の少女の笑いをのせて――、

『さあ、わからないなんでしょうねえ』

……

この初夏《はつなつ》の空に咲く無心に軽く華奢な可愛いその花は、この少女に似ていると思われて、即座《そくざ》に浮かんだ思いを言葉にそのまま表して志磨《しま》さんは――

『ああ、では私は貴女をこう呼びましょう、雛芥子《ひなげし》さんと?』

『雛芥子《ひなげし》！　まあ私の名前になったのね、うれしいわ』

とその雛芥子《ひなげし》と呼ばれた人は、烈しく椅子を振って志磨《しま》さんの胸に顔を埋《うず》めて、肩に細い腕をかけて心から嬉しそうにニッコリと微笑《ほほえ》んだ。

――（「雛芥子」より）

「福寿草」

『あの、あのお姉様《ねえさま》は（奥様）で……私のお姉様《ねえさま》じゃないのですって……』

　これをお聞きになったお姉様《ねえさま》は、ぱっちりとしたお瞳をちょっとまばたいて、うつむいた襟足《えりあし》のあたりが薄紅くなって——

『まあ、可愛い方！』

　堪えられなく、いとしいようにこう言って背にかけた手を、そのまま胸へ薫《かおる》さんを抱きあげてリボンのゆらぐ髪のあたり顔を伏せて、薫《かおる》の房々とした額髪の上に柔らかい接吻《くちづけ》の跡を残して……やさしく囁きました。

『まあ私がこんなに可愛い薫《かおる》さんのお姉様《ねえさま》にならないでどうしましょう』（「福寿草」より）

松本かつぢ「小さいお姉さま」（出典不明）昭和初期　印刷

「名も無き花」

松本かつぢ「帰らぬ小鳥」『少女の友』昭和10年3月号口絵　印刷

それは、私達のいる別荘から程《ほど》近い、砂丘の後にある白亜の洋館でありました。

なめらかな芝生にならぶ、椰子に似た樹木にかこまれた洋館の窓には、オリーブ色のカーテンが覆われてありました。かのピルは、その第一の窓の傍にとまって、二、三度羽ばたきをして、さも慕わしそうに、

（クク）

と啼きました。すると、窓が、すっと開かれて、それは充分に私達の好奇心を満してくれるほど巧みに、カーテンがそよいで、窓の中の一つの面影を仄見《ほのみ》せました。

おお、その一つの面影の、それはまあ、いかに美しく気高く、しかも聖《きよ》げに寂しげな姿だったでしょう。それは、あえかに麗しい少女なのです。

その少女は、細やかな双の腕をかろらかに、あげて、そっと窓際のピルを抱きましたの――、外面《おもて》に立ちて息をひそめて見透《みとお》す人々のあるとも知らで……。やがて、カーテンは音もなく降りました。窓は再びかたく閉ざされました。また何という幸福なピルでしょう。あんな美しい子の胸に抱きよせられて窓の中に入れられたのですもの。（「名も無き花」より）

「心の花」

『まりあ様、まりあ様、お救い下さいませ、一度、罪を犯した私も、みめぐみによって、おお、美しい子に美しい子に、生れ更《かわ》る事ができるのでございましょうか。おお、びるぜんさんたまりあ、玷《きず》なき御母《みはは》、いと尊きろざりおの元后《げんこう》、哀憐《あわれみ》を垂れて、すべての悪より、すべての罪より、魔鬼の罠《わな》より救い給え――』

かく祈りつつ、双手《そうしゅ》をさしのべて、御像《みぞう》の裳《もすそ》にとり縋り、涙とともに吻《くちづ》けて、果《は》ては力萎えて、はたと床に転《まろ》び、気を失って倒れた。（「心の花」より）

松本かつぢ「アベ・マリア」『少女画報』昭和5年7月号口絵　印刷

「花物語」に登場する花々

「花物語」のタイトルになった52の花をあげてみました。
スイートピーやフリージアなど、現代の私たちにおなじみの花も登場します。
これらの洋花はハイカラな西洋趣味を象徴していたのでしょう。
ちなみに「ダーリヤ」は「ダリア」のこと。
一方、「山梔《くちなし》」「雛芥子《ひなげし》」「龍胆《りんどう》」「玫瑰《はまなす》」など、漢字表記も素敵です。
「花物語」に登場する花の名前を全部覚えてみませんか？

松本かつぢ『少女の友』ふろくより 昭和初期 印刷

- 鈴蘭
- 月見草
- 白萩
- 野菊
- 山茶花《さざんか》
- 水仙
- 名も無き花
- 鬱金桜《うこんざくら》
- 忘れな草
- あやめ
- 紅薔薇白薔薇
- 山梔《くちなし》の花
- コスモス
- 白菊
- 蘭
- 紅梅白梅
- フリージア
- 緋桃《ひもも》の花
- 紅椿
- 雛芥子《ひなげし》
- 白百合
- 桔梗
- 白芙蓉
- 福寿草
- 三色菫
- 藤
- 紫陽花《あじさい》
- 露草《つゆくさ》
- ダーリヤ
- 燃ゆる花
- 釣鐘草《つりがねそう》
- 寒牡丹《かんぼたん》
- 秋海棠《しゆうかいどう》
- アカシア
- 桜草
- 日陰の花
- 浜撫子《はまなでしこ》
- 黄薔薇
- 合歓《ねむ》の花
- 日向葵《ひまわり》
- 龍胆《りんどう》の花
- 沈丁花《じんちようげ》
- ヒヤシンス
- ヘリオトロープ
- スイートピー
- 白木蓮《しろもくれん》
- 桐の花
- 梨の花
- 玫瑰花《はまなすのはな》
- 睡蓮《すいれん》
- 心の花
- 曼珠沙華《まんじゆしやげ》

Part 2 女学生おしゃれライフ

大正・昭和の女学生たちの日常生活を雑誌記事からご紹介します。ファッション、ヘアスタイル、手芸、マナーなど、年頃の女の子らしい楽しみが満載です。
注目すべきは〈手紙〉です。女学生たちはお気に入りの便箋に文章をしたためて、毎日のように交換し合いました。現代の中高生のメール好きはこんな時代にまでさかのぼれるのです。乙女ゴコロは不変ですが、手書きのお手紙はメールよりずっとロマンチックだといえましょう。

中原淳一「手芸の本」より　『少女の友』昭和12年3月号ふろく
紙・水彩・インク　早稲田大学會津八一記念博物館蔵

『少女の友』ファッション・ブックより

『少女の友』ファッション・ブックから、2着のドレスをピックアップしました。いずれも中原淳一によるもので、当時としては群を抜いたセンスの良さを誇っています。それもそのはず、淳一は挿絵画家になる前、上野の高級洋品店でお客様の要望を聞き取ってデザイン画をまとめる仕事をしていたのです。手製のスーツに身を固め街を歩いていたところ、彼のセンスに目をとめた店のマダムにスカウトされたのでした。淳一がわずか17歳の頃のエピソードです。

中原淳一「『少女の友』ファッション・ブック」より　『少女の友』昭和12年8月号ふろく

バラ

薔薇《ばら》の服《ふく》を着《き》た少女《せうぢよ》が
夕雲《ゆふぐも》を見《み》つめ乍《なが》ら垣根《かきね》の所《ところ》に佇《たゝず》んでゐる……手袋《てぶくろ》をはめて訪問姿《はうもんすがた》のこの少女《せうぢよ》とはとても
かけ離《はな》れたそんな情景《じやうけい》がふと聯想《れんさう》されるやうな、仄《ほの》かな淡《あは》い感觸《かんしよく》を漂《たゞよ》はせたドレスですね。

少女《せうぢよ》のアフタヌーン、よそゆきにはプリントのオーガンディが素適《すてき》です。

クレプデシン、リップクレープ、ベンベルグ等《など》も涼《すゞ》しいでせう。花《はな》さへつけなければ、ポプリンの模様地《もやうち》で作《つく》つてホームドレスにもなります。

それから變《かは》つた考《かんが》へとして、模様《もやう》のモスリンの布《きれ》を使《つか》つて仕立《した》てゝごらんになつたらどうでせう。バラの模様《もやう》だの葡萄《ぶだう》の模様《もやう》だの、淡彩《たんさい》の餘《あま》り大《おほ》きくない模様物《もやうもの》ならきつと可愛《かあい》らしいドレスになりますよ。

絹《きぬ》でお作《つく》りになる時《とき》にはスカートのフールを出來《でき》る丈澤山《だけたくさん》にした方《はう》が、柔《やはら》かいしつとりした感《かん》じを出《だ》します。

肩《かた》は續《つゞ》いたラグランスリーブで、四角《かく》にあけた胸《むね》に大《おほ》きなバラの花《はな》を一列《いちれつ》に飾《かざ》ります。共布《ともぎれ》で拵《こしら》へても、造花《ざうくわ》でも、お好《す》きな樣《やう》になさいませ。

花飾《はなかざ》りの嫌《きら》ひな方《かた》は、その場所《ばしよ》に、袖口《そでぐち》と同《おな》じ樣《やう》なリボン（巾《はゞ》は袖口《そでぐち》の倍《ばい》の）を結《むす》んでつけても氣《き》が利《き》いてゐます。

このドレスは造《つく》り方《かた》を本文《ほんもん》に載《の》せましたからごらん下《くだ》さいませ。

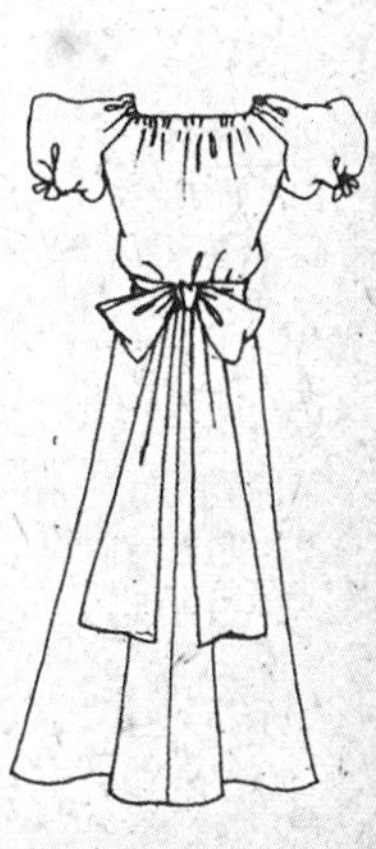

シクラメン

バイヤステープで緣《ふち》をとつた涼《すず》しさうなワンピース。

バイピング（玉《たま》ブチ）の色《いろ》によつて、全然感《ぜんぜんかん》じが變《かは》つた服《ふく》になりませう。

手袋《てぶくろ》にも同色《どうしよく》のフチをとり、帽子《ばうし》は表《おもて》はドレスと同《おな》じ白《しろ》にしてツバの裏側丈《うらがはだけ》バイピングと同色《どうしよく》にすれば、こんなにしやれた外出姿《ぐわいしゆつすがた》になります。

ヘリを白《しろ》でとつて、服《ふく》をブルーや黄《き》の無地《むぢ》でお仕立《したて》になるのも夏《なつ》らしい鮮明《せんめい》な感《かん》じがします。

生地《きぢ》は、フヂ絹《ぎぬ》、リネン、レーヨンなど、また白《しろ》のモスリンでお拵《こしら》へになるのも面白《おもしろ》くありませんか。

葩《はなびら》のやうに割《わ》れたお袖《そで》は、十七世紀頃《せいきごろ》の王子《わうじ》さまの服裝《ふくさう》にヒントをえたものです。

本文《ほんもん》の作《つく》り方《かた》をごらんになつてお休《やす》みに御手製《おてせい》でお拵《こしら》へ下《くだ》さい。

中原淳一「『少女の友』ファッション・ブック」より　『少女の友』昭和12年8月号ふろく

淳一は『少女の友』で「女学生服装帖」というファッション・ページを担当していました。（昭和12年5月号〜昭和15年5月号連載）その頃『少女の友』では定期的に愛読者集会を開いていましたが、そこに集まる少女たちの洋装が、あまりにちぐはぐなのに心を痛め、何とかしてあげたいと思ったのが連載開始の動機でした。和服が日常着だったこの時代、母親も、学校の先生も、洋服の着こなし方を教えられなかったのです。淳一は〈おしゃれの先生〉としても活躍しました。

女学生のヘアスタイル

大正・昭和の女学生に好まれたヘアスタイルを雑誌記事からご紹介します。明治時代は〈はいからさんスタイル〉として有名な〈ひさし髪〉が、新時代の若い女性を象徴するものとして人々の目にまぶしく映りました。その後は、いろいろな形の〈束髪〉がめまぐるしく流行しました。日本髪と異なり束髪は自分で結えるため、おしゃれな女学生たちは思い思いに工夫を凝らしました。
昭和に入ると〈おさげ髪〉か〈断髪〉に落ち着きました。

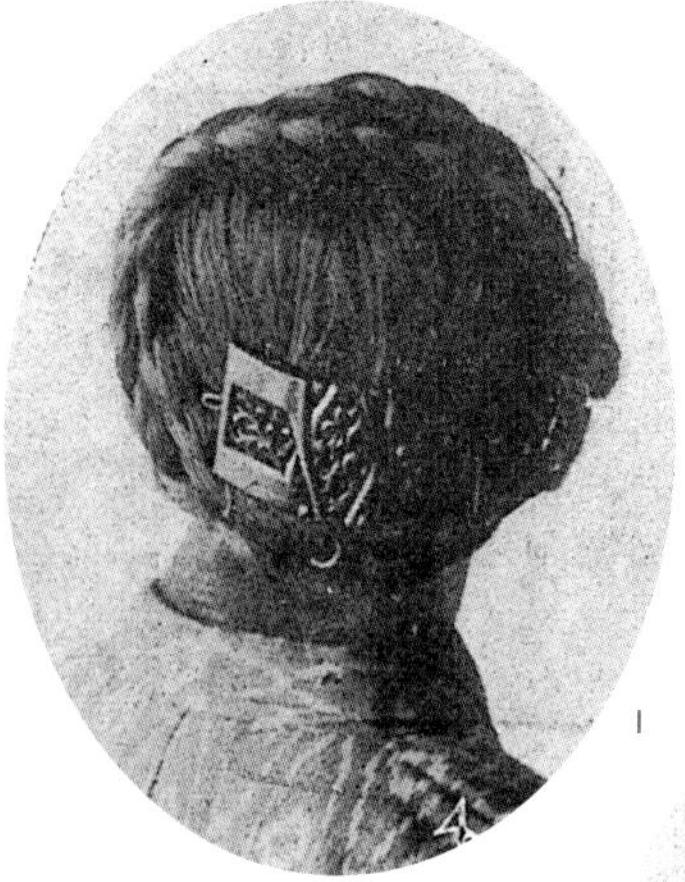

1

2

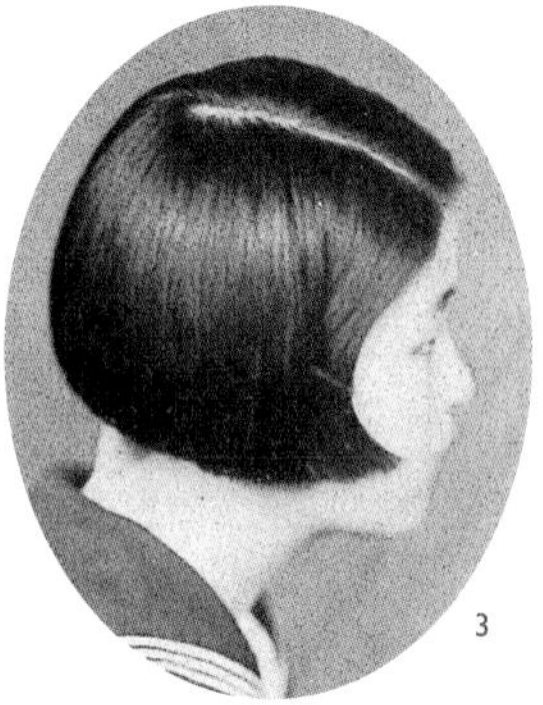

3

1.束髪の一種〈ガバレット〉『少女画報』大正11年4月号より
2.ひさし髪『少女画報』大正10年10月号より
3.一般的な断髪『少女画報』昭和3年9月号より
4.女学校低学年と思われる。前髪をピンで留めているのがおしゃれ。『少女倶楽部』昭和4年1月号より
5.刈り上げ『少女画報』昭和8年11月号より

4

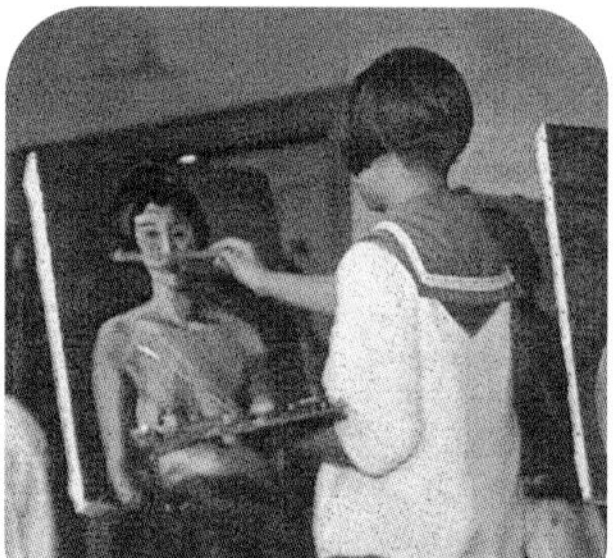

5

女学生の髪型

大正・昭和の女学生はどんな髪型をしていたのでしょうか？

学生である彼女たちの髪型は、通学服と大いに関係があります。通学服が着物と袴だった大正期には長い髪を結い上げた髪型が、セーラー服やブレザーが定着した昭和期には、断髪《だんぱつ》（おかっぱ）が主流となりました。

そして、和装から洋装への過渡期であるこの時代、そのいずれにも合う髪型として支持されたのがおさげ髪（三つ編み）でした。

断髪について

大正時代、断髪洋装の女性は〈モガ〉と呼ばれ、断髪は流行の最先端をゆく女性の象徴でした。しかし一方では、保守的な人からは揶揄《やゆ》される存在でもあり、〈毛断蛙〉などとも当て字されました。

けれども、昭和に入ると、断髪が女学生の間に浸透するのはスムーズでした。セーラー服に結髪は見た目にもおかしいですし、まだ子どもと

「私は断髪派」古賀三枝子

私が女学生だった昭和3〜8年頃は、髪の長い人が半分、断髪の人が半分って感じだったかしらね。

断髪では、後ろをちょっと刈り上げて、横髪が前下がりにシュッとなっているのがカッコ良かったのよ。この髪型はおしゃれな方がなさっていたわね。これは美容院でないとできなかったから。それから後頭部に丸みがあって、横顔に自信のある人でないと。こんな方はモダンなヘアスタイルに合わせて、制服の着こなし方も工夫していたのよ。セーラー服の上着の裾を詰めて腰を細く見せ、スカートを長めにしていたわね。

パーマ？　女学生はパーマネントなんてかけませんよ。でも、天然パーマの方は、髪が耳のあたりでふわふわと波打って、素敵だったわね。

前髪を前下げ（眉の上で切り揃える）にしているのは低学年ね。高学年で前下げにしている方もいたけど、こちらはちょっと違うのよ。とてもおしゃれなボブスタイルで、私のクラスにも1人いたわね。

髪の長い人はおさげ髪にしていました。低学年では2本の三つ編みが一般的で、高学年になると1本の方が多かったかしら。おさげにした髪はセーラー服の上着の裾くらいまであったわね。長い人だと、スカート丈くらいになる人もいたわよ。

三つ編みの先にはリボンを結びます。幅の広いリボンが人気でした。色は紫の濃いの、紺、ダークグリーン。赤？　そんな飛躍した色なんてつかいませんよ。制服に合わせてしぶい色を選びます。

断髪派とおさげ派になにか傾向があるかって？わかんないわね。習い事にもよったんじゃないの？　日本舞踊や長唄なんかを習っている人は、やはり長い髪でなきゃね。私？　私は断髪派でしたよ。

（2005年2月談／弥生美術館館長）

おさげ髪『少女画報』昭和4年2月号より

左端の子はサイドを耳にかけている。『少女倶楽部』昭和10年1月号より

いってよい、小学校を卒業したばかりの少女が短く髪を切り揃えた姿は愛らしく、好感を持たれたようです。

一口に〈おかっぱ〉といっても、いくつかのバリエーションが存在しました。まず、前髪を眉の上で切り揃えるのか、長目に伸ばし額を出して七・三に分けるのか。後ろ髪は首の下で切り揃えるのか、刈り上げてしまうのか（この刈り上げの度合いもいろいろありました）。そして、サイドは後ろ髪の長さに合わせて揃える場合と、傾斜をつけて前下がりに切る場合とがありました。長めのサイドを耳にかけてすっきりさせる方法もありました。

散髪は美容院ではなく床屋で、もしくは家庭で行うのが一般的でした。

今も昔もみんな大好き！　手芸の世界

女学生たちのホビーとして人気が高かったのは手芸です。毎号のように記事が掲載され、保存版の小冊子がふろくとしてつくこともありました。当時は、可愛い商品を扱うお店がどこにでもあったわけではありません。可愛いもの、欲しいものがあれば、まず自分で手作りするのが基本で、これが手芸熱を高めていたのでしょう。

内容的には、現在とさほど変化はないようです。刺繍やビーズ細工、編物やお人形作りなどが人気でした。

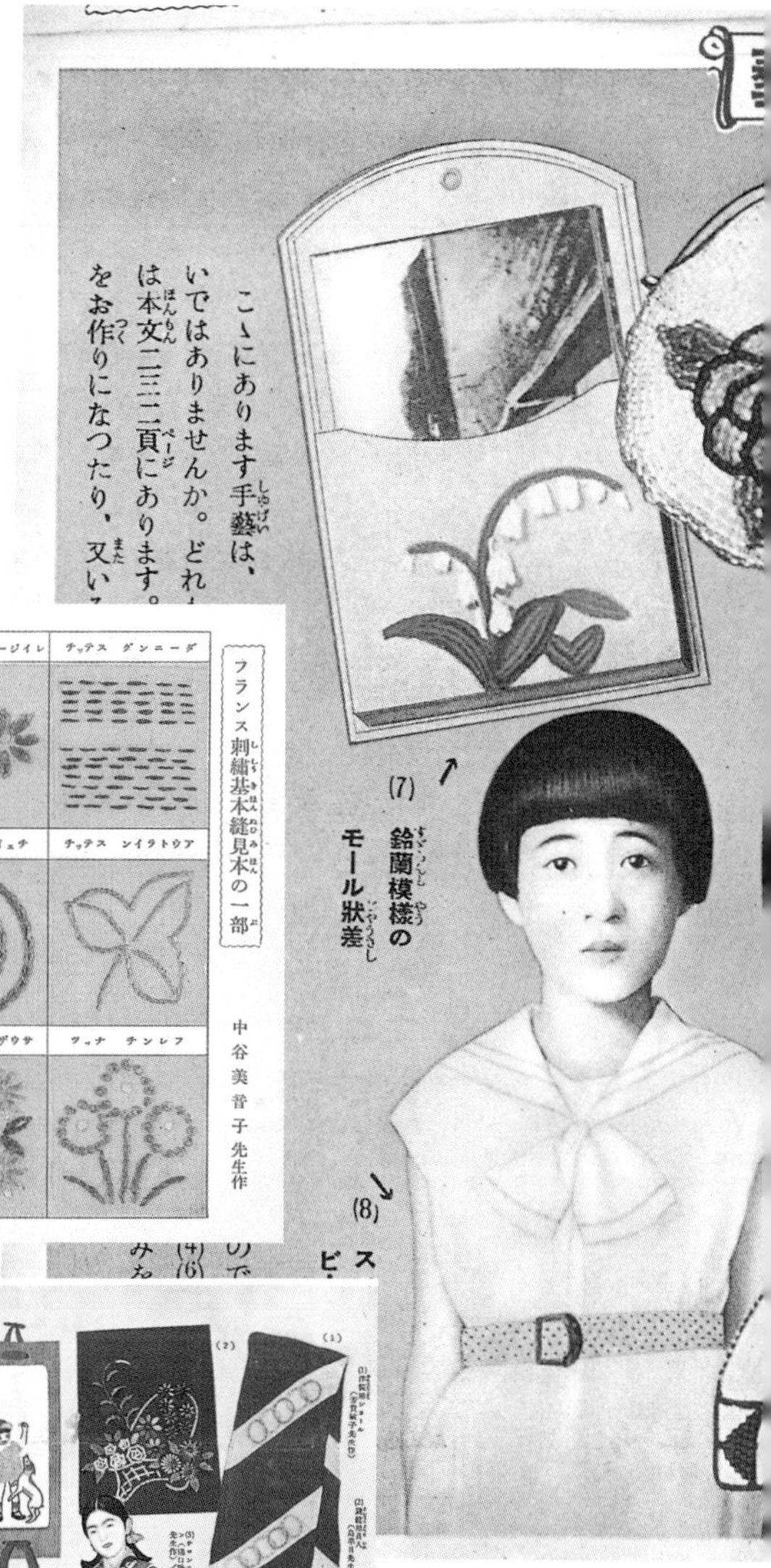

「楽しい夏休み手芸」
「夏休み面白ブック」より
『少女倶楽部』
昭和8年8月号ふろく

「フランス刺繍基本縫見本の一部」「最新少女手芸」より
『少女倶楽部』昭和6年1月号ふろく

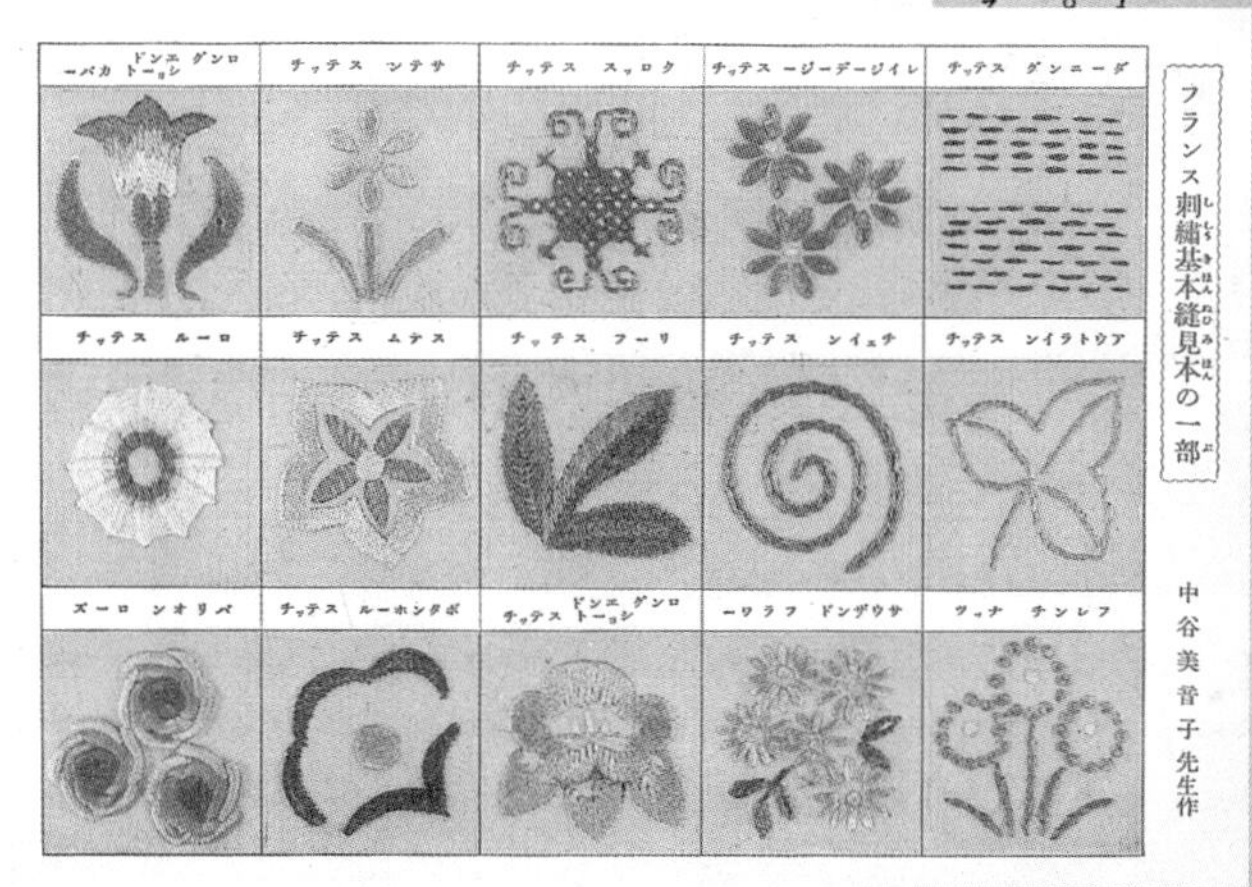

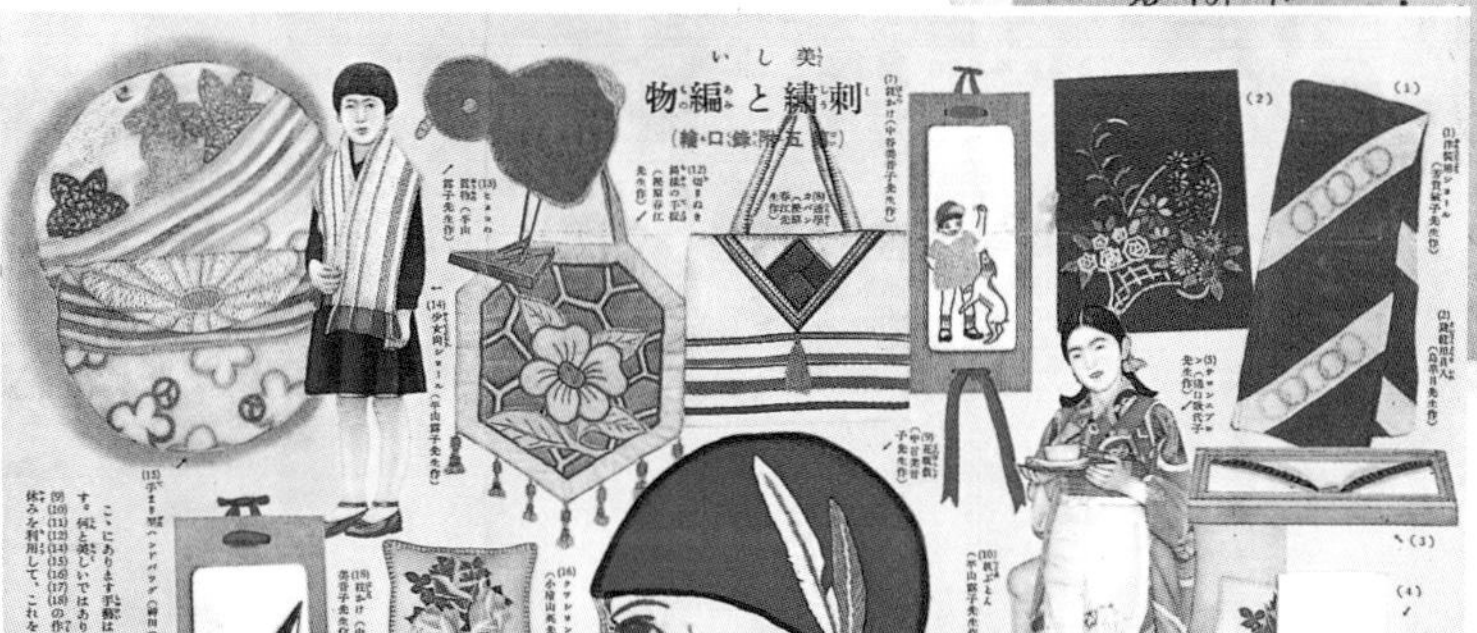

「美しい刺繍と編物」
『少女倶楽部』
昭和8年1月号ふろく

お人形作りも女学生に人気でした。現代の感覚では、子どもじみているようにも思えますが、人形も衣装も自分で作るのですから、なかなか高度な技術を要するものでした。川端康成の「花日記」には、女学校2年生の主人公が好きな子を喜ばせるため、お人形のお嫁入りを考えつき、衣装一式をどうしようかと頭を悩ますシーンが登場します。

人形制作でも活躍したのが中原淳一です。挿絵画家になる前は、フランス人形作家でもありました。

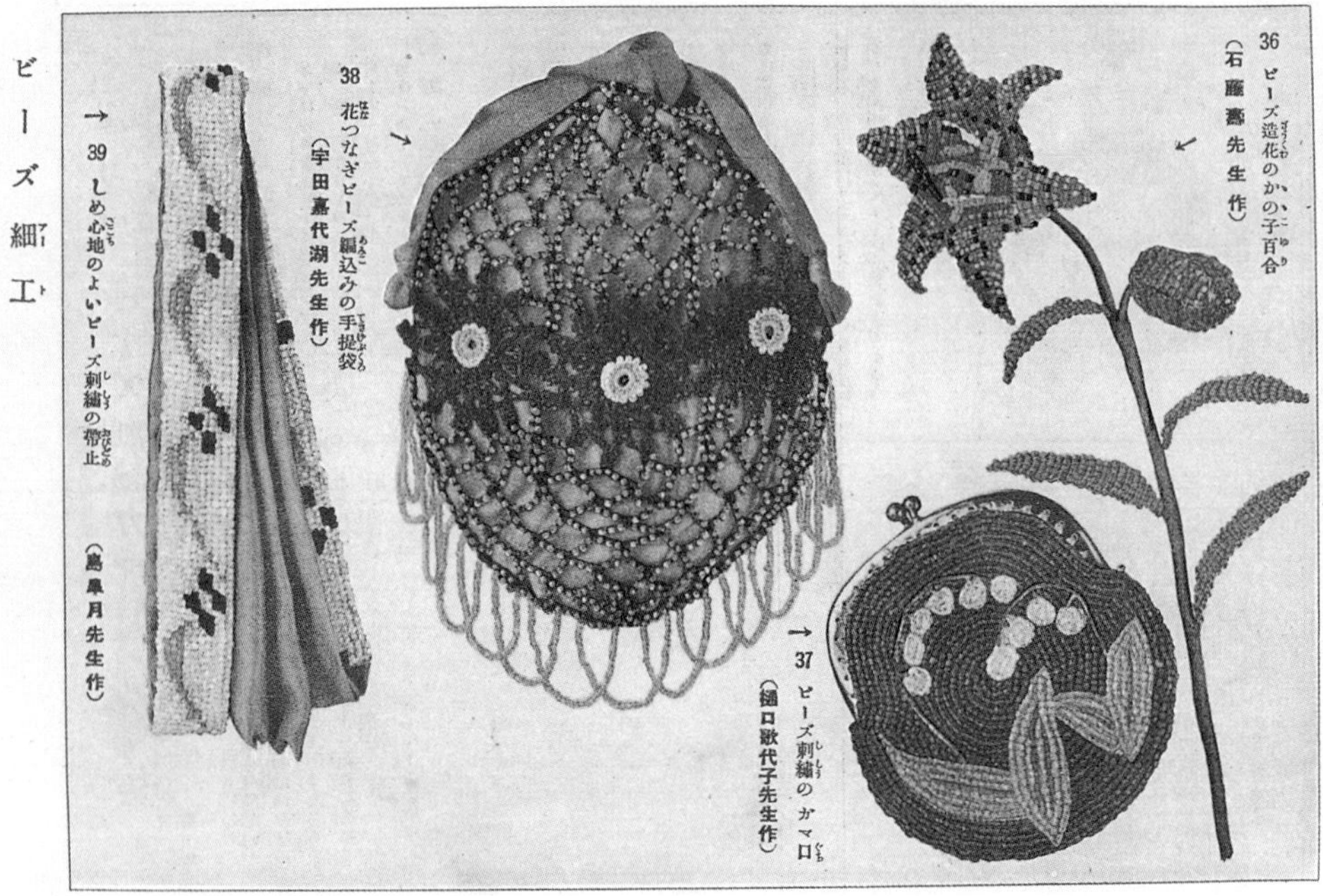

「ビーズ」「最新少女手芸」より　『少女倶楽部』昭和6年1月号ふろく

当時の女学校では裁縫の時間がとても多く、衣服は自分で縫えるよう、みっちりと仕込まれていました。手先の不器用な女子には受難の時代だったのかもしれません。

しかし、こうした可愛い小物は、図版を見ているだけでも、ワクワクと楽しくなってしまいます。

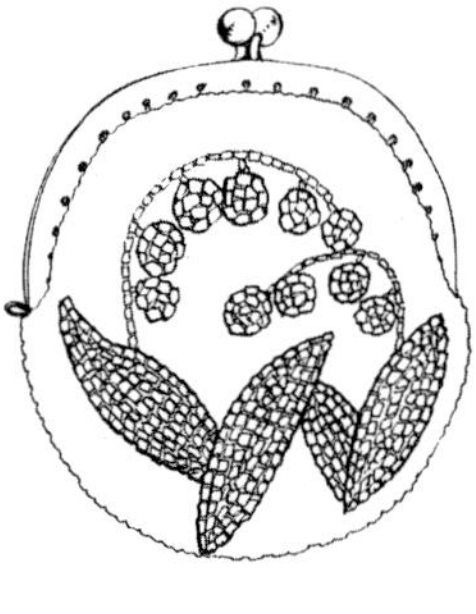

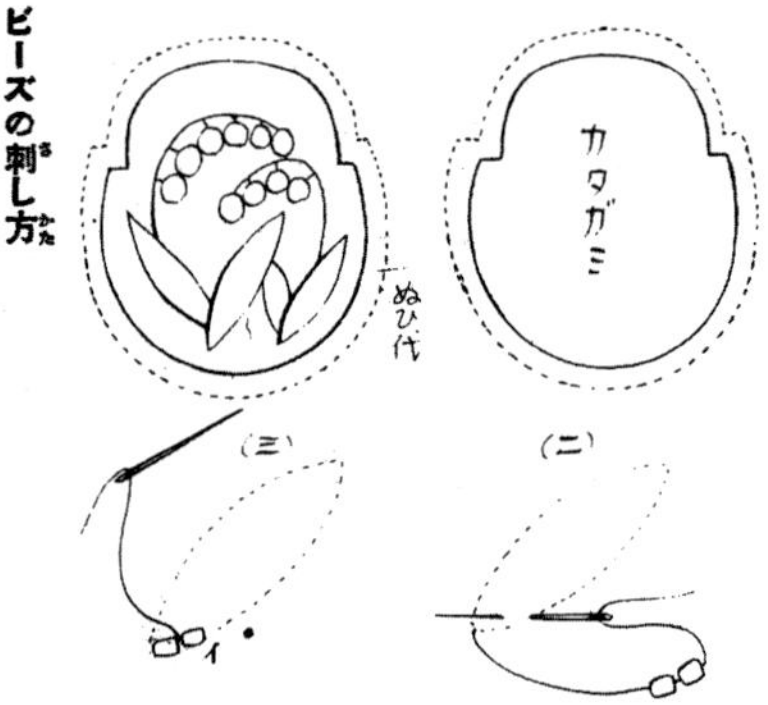

ビーズ刺繍のガマロ
一度に二粒ずつ糸を通し、刺繍を進めます。

クレープペーパー細工《アート》
33 造花《ぞうか》をあしらったクリスマス向《む》きの菓子入《キャンデイボックス》
34 やさしい造花《ぞうか》のスヰートピー
35 美《うつく》しい造花《ぞうか》八重咲《やへざき》のチューリップ
33・34・35共《とも》に（佐藤都代子先生作）

「クレープペーパー」「最新少女手芸」より　『少女倶楽部』昭和6年1月号ふろく

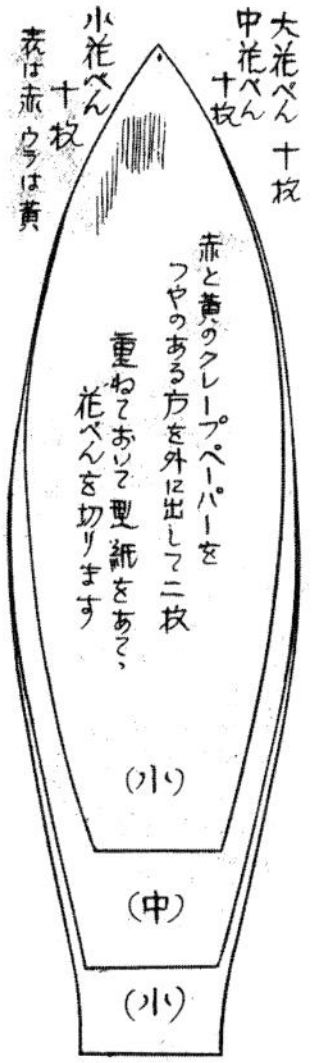

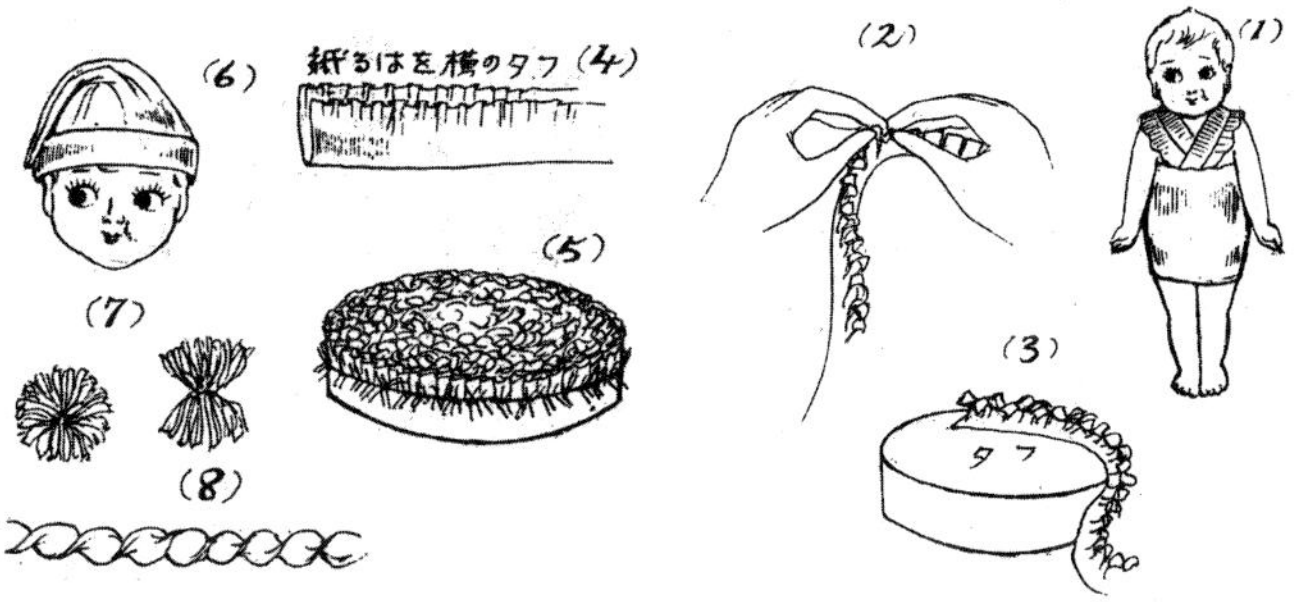

大花べん 十枚
中花べん 十枚
小花べん 十枚
表は赤 ウラは黄
赤と黄のクレープペーパーを
つやのある方を外に出して二枚
重ねておいて型紙をあて、
花べんを切ります

(7)
(8)

ダリヤをあしらった菓子入れ《キャンデイ・ボックス》の作り方

材料……クレープペーパー(赤・黄・緑　各50cm)、
丸型蓋つきの箱、パープー人形、銀モール

作り方
1.　クレープペーパーで大中小の花弁を作る。(各10枚)
2.　緑色のペーパーに1cm幅の切り込みを入れ、
切り込みの先をひとひねりして縮らせる。
3.　2で蓋の上を全部飾る。蓋の横も装飾する。
4.　花弁を蓋に貼り付け、パープー人形を蓋の中央に立たせる。

タフ
紙るはを横のタフ (4)

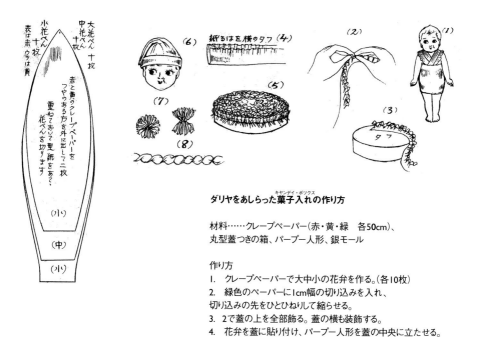

女学生の一日～寄宿舎生活～

女学校の数がまだ少なかった当時、自宅が遠方にあり通学困難な学生は、女子寮に暮らしました。（部屋を借りて一人暮らしをするのは一般的ではありませんでした。）

雑誌記事からある寄宿舎の1日を紹介します。寮生たちは、地元の期待を背負って都会に出てきた真面目な学生ばかりですが、写真には女の子同士の華やいだ雰囲気があふれています。集団生活の厳しさはありますが、寄宿舎生活はおおむね楽しいものだったようです。

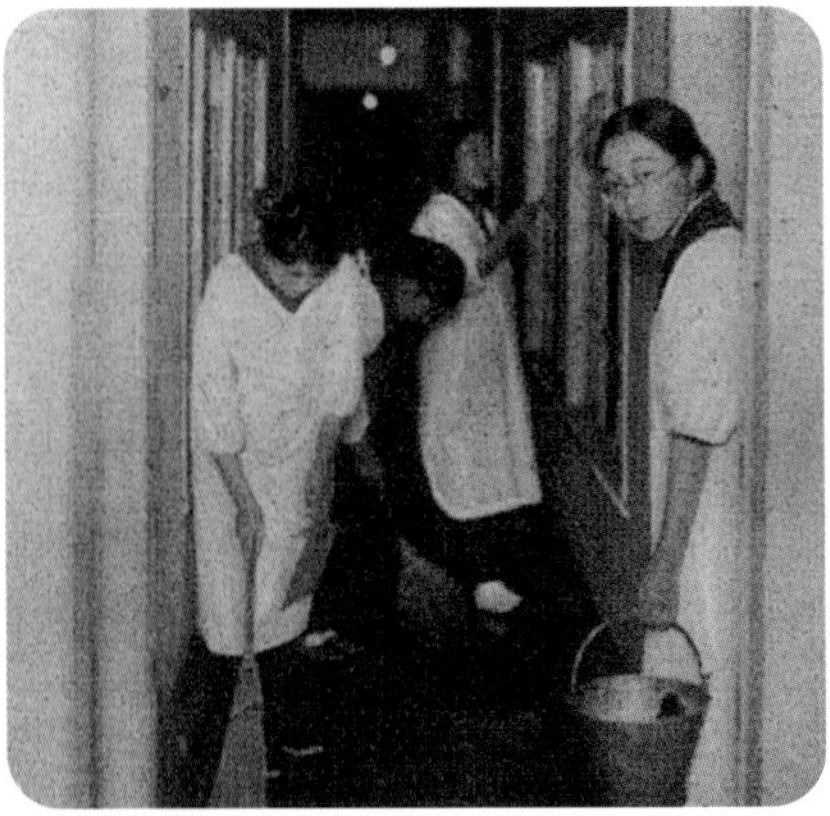

箒もつ人、窓硝子ふく人。寄宿舎の朝は勇ましいお掃除行進曲。こうして毎朝みがきたてますから、廊下などまるでスケートリンクのよう。

なんとなく引きしまった朝の心。登校前のひと時を寮生たちは朝の身だしなみに忙しい。澄んだ鏡の中に手が動く。黒い髪と白いリボンがちらちらと映る。

学年試験ももうじきだ。机に向いあって今日の復習に余念のないK子さんN子さん。静かに刻むセコンドの音。白薔薇と水仙の香りが春の幸福を約束してくれる。

時計の針が8時へ急ぐころは寄宿舎の玄関のラッシュ・アワーです。けれど授業の始まった後は、ここはひっそりと、鉢植の棕櫚の葉にかさこそと風が囁くばかり。

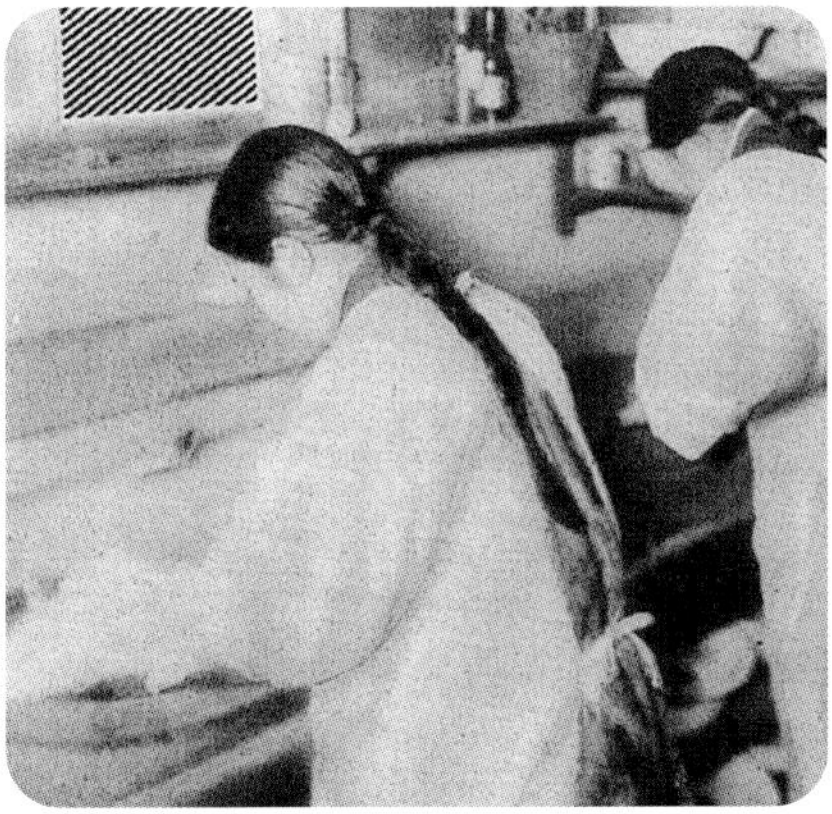

今日は忙しい洗濯デー。お手並は家事科で習った腕前で。故郷の母のこと友だちのこと……思いはシャボンの泡のように。

応接室。久しぶりに訪ねて下さったU子さんとお紅茶をすすりながら積もる話に花をさかす。怨めしいのは暮れるに早い冬の日ざし。

楽しい寄宿舎の晩餐です。ちょっと家庭では味わえない寮独特の味加減。(高田女塾寄宿舎にて)

寮生が食後の団欒に集う娯楽室。レコードかける人、思い出のアルバムの頁をくる人。『さアお茶いれましてよ』K子さんはお国の姉様から届いたお菓子を御披露する。

『少女画報』昭和5年2月号より

靴箱にしのばせる 秘密のお手紙

高畠華宵「華宵新作ビンセンフートー広告ポスター」昭和5年
ベニバラ社　印刷

大正・昭和の女学生ライフに欠かせないアイテムが手紙でした。友達同士、エス同士、女学生たちはひっきりなしに手紙を交換していました。手紙といっても、ポストに投函するのではありません。どういうわけか、相手の靴箱にしのばせるのがお決まりでした。そして、その現場は誰かに見られてはならず、校内で相手と顔を合わせても素知らぬ振りを通すのが鉄則。女学生たちは直接話せば良いことも、芝居がかった秘密のやりとりにしてしまうのでした。エス同士が交換する手紙は〈Sレター〉と呼ばれていました。

大切な人に出すものだから、便箋と封筒の選択には気合いをいれました。人気だったのは、高畠華宵や加藤まさをら抒情画家のレターセットです。華宵のレターセットなどは25万部も売れたそうです。

高畠華宵
華宵便箋と封筒
大正末～昭和初期

華宵便箋表紙
高畠華宵「幸を祈りて」ベニバラ社
大正末～昭和初期　印刷

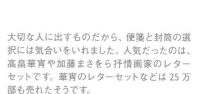

高畠華宵「紅薔薇」『少女画報』大正 15 年 5 月号口絵　印刷

お手紙例文集

『クローヴァー』岡崎英夫著　昭和6年1月(88版)宝文館

センスある素敵な手紙が書けるよう、例文集もありました。『令女界』の発行元・宝文館から出版された『新緑のたより』から、2編をご紹介します。

できるなら美しい文字で綴りたいとは、誰もが思うことでしょう。例文をペン習字の先生が美しい文字で綴ったお手本帳もありました。姉妹編の『クローヴァー』には、吉屋信子や与謝野晶子らの自筆の手紙も掲載されています。その人を知る手がかりとして、また自分を表す表現手段として、手書き文字が重要だったのです。

おたより文例集

御免して頂戴

吉子さん。

仲直りしなくって？

やっぱし貴女《あなた》が居なくちゃあたし、淋しくてやりきれないわ。今迄の事御免《ごめん》して頂戴《ちょうだい》ね。どっちもいけないのだけど、あたしの方が沢山《たくさん》悪かったわ。

あのね吉子さん、

あたしじっとして居るのが退屈で仕方がないの、だからすぐに悪戯《わるさ》をして飛び廻るのよ。吉子さんもちっとお転婆《てんば》になりなさいな。二人で思いっきり、ちゃめさんになりましょうよ。

怒っちゃ厭《いや》よ。わたしね貴女がはっきりとした動作をしてくれないと、心がムシャクシャするの。それですぐに怒っちゃうのよ。ほんとに怒っちゃ厭よ。これから二人とも、怒りっこなし。ね、いいでしょ、よく笑う子になりましょ。明日行ったら葉子《ようこ》の方から、おはようを言いますわね。それから仲直りの握手をしましょうね。

きっと、さよなら。

（岡崎英夫著『新緑のたより』大正十四年　宝文館）

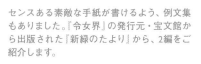

さまざまなシチュエーションに応じて文例集が編まれている。
これは同室である憧れの上級生の日記を盗み見してしまった
少女の驚きと喜びを表現した手紙。

思い切って

お姉様！　あたしのお姉様⁉　お許し下さい。

せめて心の中でのみこうお呼びしますことを。

ほんとうにこの頃のあたしはどうしたのでしょう。お室《へや》に居るときは尚更《なおさら》、学校に行って居る時だって、ただの一分間もお姉様が忘れられないのです。

あたしは幸福です。お姉様とお机を並べる事が出来たのですもの。でも同じその一つの事がたえられない悲しみとなって居ますの。

なくなった母にお似遊ばしたおやさしいお姉様を恋《こ》う子の胸は――。

しかも朝夕隣り合って居ながら、胸のひびきをお伝えする事の出来ない弱い子は――。

お室へたった二人きり残った時等には言葉さえ、出なくなって、ただ小さい胸は小きざみにふるえるばかりでございます。

同じお室でなかった方が幸福だったかも知れない。こうした淡いあきらめがこの日頃、私の心にくりかえされて居ります。

それは水曜日の放課後でした。たった一人お室に帰って来たあたしは、ふと、お隣の机の上にひろげられてあるダイアリーに目を注ぎました。お姉様。お許し下さい。悪いとは知りつつ、あたしはお姉様のお心を、ぬすみ見てしまったのです。

『愛する人と同室になり得た喜びと悲しみ――。あふれ出ようとする血潮は胸に燃えていながら、室長というつまらない名のもとに、そのすべてをおさえて居る自分が又なくいじらしい。』

こうしたペンの跡がくっきりとあたしの胸に印されました。

このお言葉そのまま、あたしがぬすんでも、いいのかしら……こんな不安が心の底に頭をもたげました。

あたしは、すぐお姉様にお手紙を書きました。たまらなくなって。けれど弱い子は、そのピンクのペーパーをも苦しい心で焼いてしまったのです。

でも今日は、ほんとうに思い切って差し上げます。――気ままな潮《うしお》のすべてをお許し下さい――。

土曜日の夜

潮

（岡崎英夫著『新緑のたより』大正十四年　宝文館）

女学生必携マナー集

女学生のためのマナーを雑誌記事からご紹介します。恵まれた家庭の子女が多い女学生たちには、教養ある少女として、身につけなければならない作法がいろいろとありました。現代の私たちにも参考になりますね。

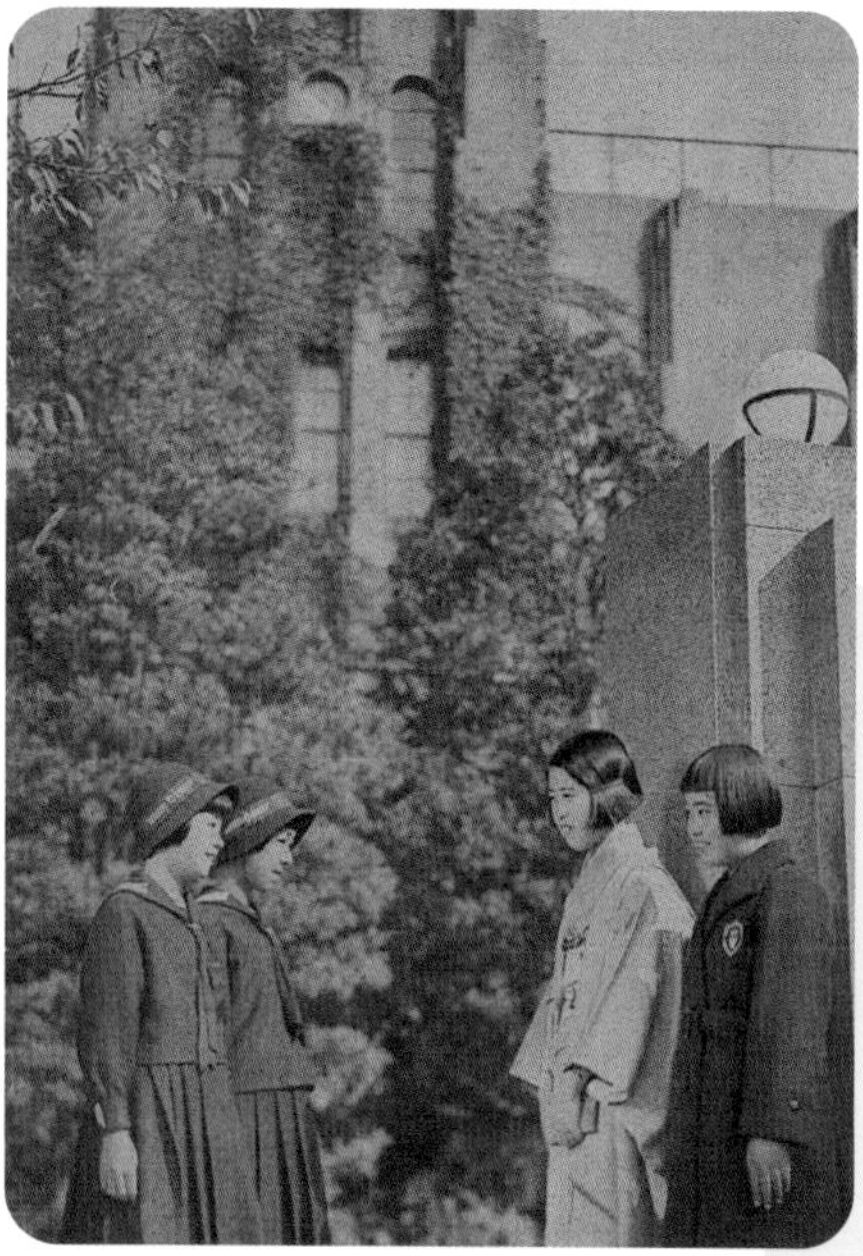

校門の前で

　母校へ訪問して来た卒業生を迎えて、在学生が朗かに喜んでおります。

『あら、いらっしゃい！』

　といいたいところでしょうけれども、卒業された以上は先輩として尊敬せねばなりません。『いらっしゃいまし。』

『あら、大下さん、よくいらっしゃいましたのね。』などと、美しく挨拶することです。

『校長先生ですか。いらっしゃいます。御案内いたしましょうか。』とか、『お取次《とりつぎ》いたしましょうか。』と、相手をいたわるようにいえば、『ありがとう。でも、古巣ですもの、迷いはしませんわ。ホホホホ。』『ホホホホ。』

　と、晴れたみ空に笑い声が響きわたることでしょう。

お座敷で

　お客様にお茶を差上げるには、最初にお煎茶、次にお菓子、それからお紅茶、その次がお番茶という順序が正しいのです。お茶を戴く時は茶托《ちやたく》を引摺《ひきず》らないようにし、啜《すす》る時音を立てては不作法です。お菓子は膝の上にハンケチを置いて戴きます。殊に粉の落ちるお菓子は注意いたします。お床の間の前に座る時は少し横向きに座るものです。

『粗菓《そか》ですが、どうぞお一つ。』

『ありがとうございます。

あとで戴きますわ。』

『そうおっしゃらないで、どうぞ。

お取りしましょうか。』

『どうぞお構い下さいませんで。

自由に戴きますわ。』

　などと、なごやかな話声が聞えるようです。

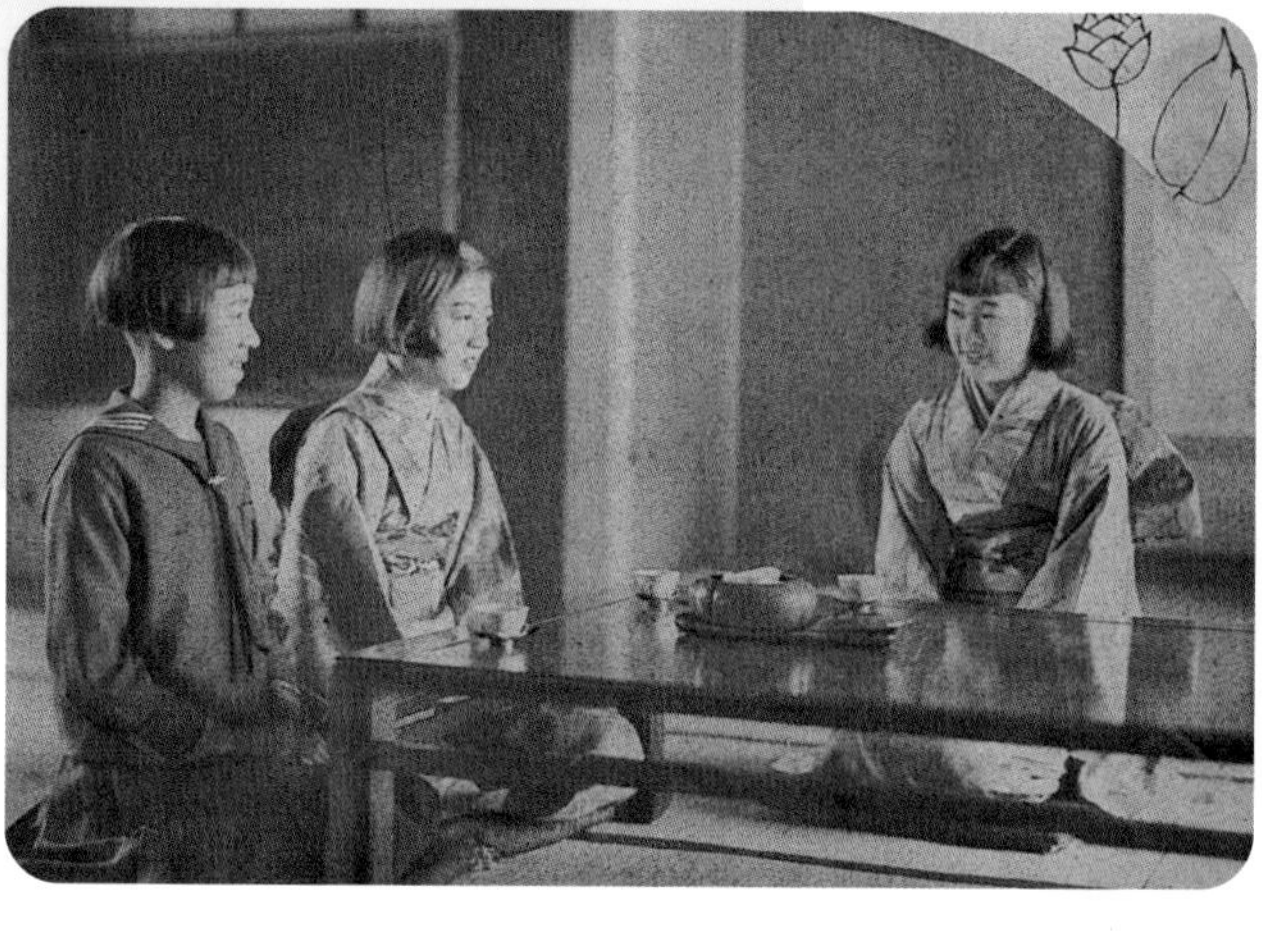

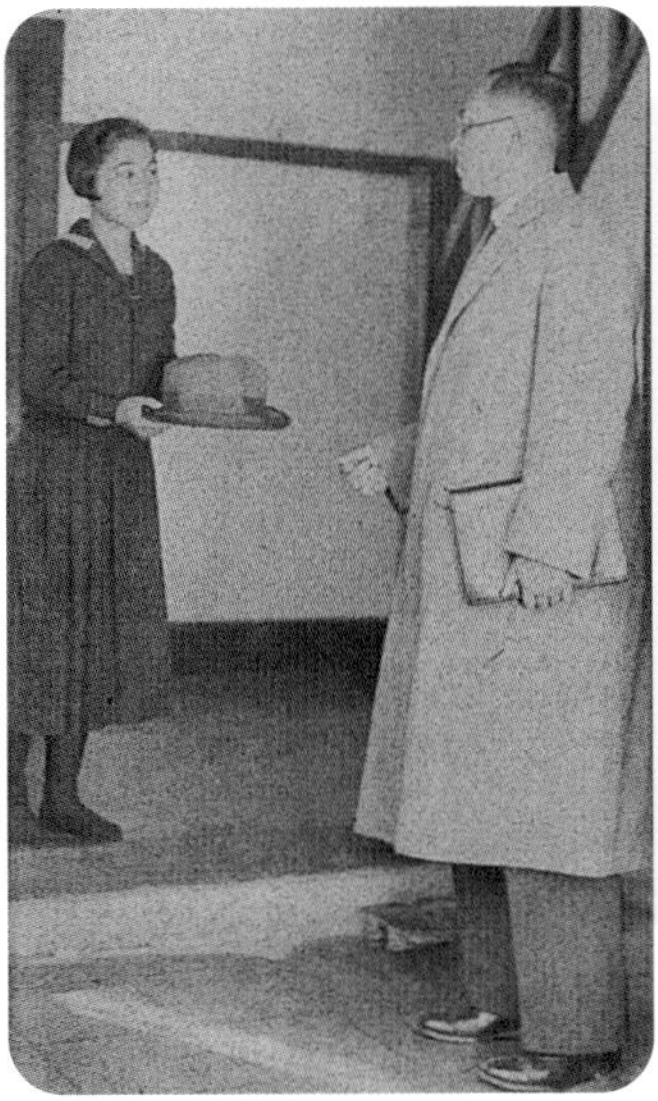

玄関の見送

……お帰りには、主婦か、娘か、召使《めしつか》いが先に玄関に出て、外套《がいとう》や帽子を手に取っておきます。外套は、靴を穿かれる前に——場合によっては、靴を穿かれてから、

『どうぞお召し下さいまし。』

と、うしろから着せて上げます。お客の背が高い時は、手が旨《うま》く袖に通るように、下から引上げて着せて上げます。帽子は、

『どうぞお帽子を。』

といいながら渡して、先方が『さようなら』といわれるのを待って、

『失礼いたしました。御免《ごめん》下さいまし。』

と挨拶します。こちらが先にいいますと、早く帰れというように聞えましょう。

お客が帰られてから、すぐ笑声を立てるのはいけません。お客は、何か自分が笑われていると思うでしょう。また、玄関の電灯は、客が出る、すぐスイッチをひねって消す、なども失礼に当ります。

上手な買物

買物する時は、つっけんどんの言葉づかいを避け、もっといいのをくれなどといわぬこと、品物をけなさないこと、ひどい値切をせぬこと、等は注意せねばなりません。つまりは自分のものにするのですから自分にも気持よく買うのが勝ちです。『そんなものいらないわ、もっといいのない？』などいうと、相手を気持わるくさせて、却って高いものを売りつけられます。

『では、この方は如何様《いかがさま》ですか。』

『それもいいのね。でも、も少し小さめのはありませんか？』

『お小さいのでございますか。これなど如何様《いかがさま》でしょう。』

『それもいいわね。ではそれを戴きますわ。』

『有難うございます。少々お待ち下さいまして。

……どうもお待たせいたしました。有難う存じます。』

と、こんな風にゆけば気持がよいでしょう。

応接間で

洋式の応接間は、だいたい入口に遠い方が上席になりますから、取次に案内されたら、入口に近い椅子の傍に立ったままで主人の来るのを待ちます。主人が来て上席の椅子を勧めても、なるべく避けた方がいいが、二度三度勧められれば、

『では、失礼いたします。』

と挨拶をして座って差支《さしつかえ》ありません。椅子に掛ける時は、あまり深く座らぬこと、からだをうしろへ反らさぬこと、足の先を、テーブルの下に隠れていても、組み合わさぬことです。

お話はなごやかに運びたいものです。人の話を横取りしたり、あまり人様の噂をしたり、自慢話をしたりするのはよくありません。

『綺麗なお花ですこと。お姉様がお生けになりまして？』

『ええ。ほんのいたずらですのよ。』

『どういたしまして。お見事ですわ。』などと行きたいものです。

「お上手なあいさつグラフ」より
『少女倶楽部』昭和11年1月号

女学生の普段着

洋服は〈作る〉もの

昭和の女学生は制服を脱いだあと、何を着ていたのでしょう？

家に帰ってセーラー服やブレザーを脱ぐと、一般には着物を着ていたようです。

現代の私たちにはわかりにくいことですが、洋服の歴史が短い日本において、お店で洋服を買うことが一般化したのは、第二次世界大戦後の混乱も落ち着いた昭和三十年代後半のことでした。（昭和三十八年にようやく注文服と既製服の販売比率が三対七になりました。）それまで洋服は〈買う〉ものではなく〈作る〉ものでした。しかも、昭和戦前まではプロのドレスメーカーに〈オーダーする〉ものでした。一着の洋服を手にするには、まずスタイルブックを見てデザインを決め、生地を選び、採寸して、仮縫いをして……と、いくつもの工程を経なければなりませんでした。当然ながらそれは高価で、洋服を何着も所有し、普段着にできる女学生など、稀《まれ》な存在でした。

家では〈銘仙〉

女学生の向きの着物としては〈銘仙《めいせん》〉という、ハリのある丈夫な素材で仕立てたものが人気でした。それでも〈銘仙〉は安価とはいえ絹でしたから、中流以上のお嬢さんのための普段着だったようです。庶民は木綿や毛織物でできた着物が普通でした。

そして、女学生にとっての正装は何といっても制服でした。おでかけや改まった席には制服を着るのがルールでした。

須藤しげる「(仮) 帰らぬ日」『令女界』昭和 3 年口絵　印刷

Part 3 麗しの乙女小説

女学生の心の友だったのが、雑誌に掲載された少女小説です。現代の乙女たちが、テレビドラマや漫画の展開に心躍らせるのと同じように、大正・昭和の乙女たちは雑誌の読物に熱中しました。

人気のある作品はすぐさま単行本化され、美しい装丁を施されて少女たちの手から手に読み継がれてゆきました。

本書では、とりわけ人気の高かった作家、吉屋信子《よしやのぶこ》と川端《かわばた》康成《やすなり》の珠玉の名作のあらすじをご紹介します。挿絵《さしえ》はすべて、作品発表時のものを選びました。


高畠華宵「秋の声」『少女の友』大正15年10月号口絵　印刷

『少女の友』昭和7年4月号〜12月号連載。クラスメート同士の三角関係を描いた吉屋信子の長編小説です。信子はクラスの少女を軟派、硬派、その多大勢の中立派に分類し、それぞれの少女たちの嗜好を克明に描いています。当時の少女風俗を知るうえで興味深いのはもちろんのこと、信子の描き出す学級模様や家族関係の悩みは、現在の女子中高生にも通じるのではないでしょうか。
高畠華宵《たかばたけかしょう》の挿絵が、陽子の妖しい美貌にリアリティをもたせています。

吉屋信子「わすれなぐさ」

高畠華宵「わすれなぐさ」『少女の友』
昭和7年4月号〜12月号掲載　印刷

とある女学校の三年A組。風邪をひいて学校を休んだ牧子《まきこ》は、勉強家の一枝《かずえ》にノートを貸してほしいと申し出る。快く応じる一枝。一枝はクラス一の模範生で「硬派《こうは》」の大将。それを恨めしげにじっと見入っていた美少女がいた。「軟派《なんぱ》」の女王陽子である。

陽子は牧子を呼び止め、微笑みながらも高圧的に、自分の誕生会に来るよう告げる。陽子ははっきりとした精神と個性的な容貌を持つ牧子に興味を抱いている。口の重い牧子は、「今すぐ御返事出来ません」と素っ気なく答え、立ち去る。自分の美と権勢《けんせい》に自信を持つ陽子は、牧子を完全に征服することを心に誓う。

陽子の誕生日。美しく華やかに着飾った陽子は、姿を現さない一人の客を待っていらいらを募らせる。牧子が現れた。遊び仲間たちは、陽子の待ち人がおよそ場ちがいな牧子であることにしらけるが、女王然とした陽子はそんなことは意に介さない。牧子を手放さず、夢中でダンスを教え込み、そしてにわかに思いついて自分の寝室へと誘う。

陽子はずらりと並んだ化粧品から濃い栗色の粉おしろいを出して見せ、牧子の顔に化粧を施す。アイロンで牧子の髪にウエーブをかける。そして、牧子の服を脱がせ、黒繻子《しゅす》のパンタロンをはかせ、銀糸で飾ったスペイン風の上着を着せる……。

やがて変身した自分の姿に牧子は驚く。宝塚の麗人《れいじん》かと見まごう牧子の姿に、他の客たちも目を見張る。陽子は得意気に牧子を裏庭に連れだし、今夜から仲良しの友達になろうと囁くのだった。陽子の妖しい魅力に魅入られ、我を忘れてされるがままの牧子。陽子は小さい絹レースの半巾《ハンケチ》を取り出し、牧子の頬のあたりを拭く。ただよう魅惑的な香り。そ

れはわすれなぐさの香水だった。
その時、牧子は石垣の下の通路を通りがかる人影に気づく。それは優等生の一枝だった。おもしろくない陽子は、一枝を愚弄《ぐろう》するかのように半巾《ハンケチ》を振り落とす。冷静沈着な一枝は、きっと唇を結び、その半巾を拾うや丁寧に畳んで石垣の上にのせて、さっさと通り過ぎていくのだった。
生真面目な一枝の態度に我に返った牧子は、自分が妙に悪いところに来ているかのように心が責められ、慌てて帰りかける。引きとめる陽子に、牧子は自分が誕生会に来たのは、実業家である陽子の父親が自分の父の研究に出資してくれるからだと真実を告げる。怒った陽子はびりびりとあの半巾《ハンケチ》を引き裂いてしまった。

§

父の命令で、しぶしぶ誕生会に出た牧子だったが、陽子への誕生祝いを用意しなかったことはさすがに恥じた。日曜日、牧子は銀座に買い物に出かける。ノートを貸してくれた一枝への贈物もあわせて用意した。

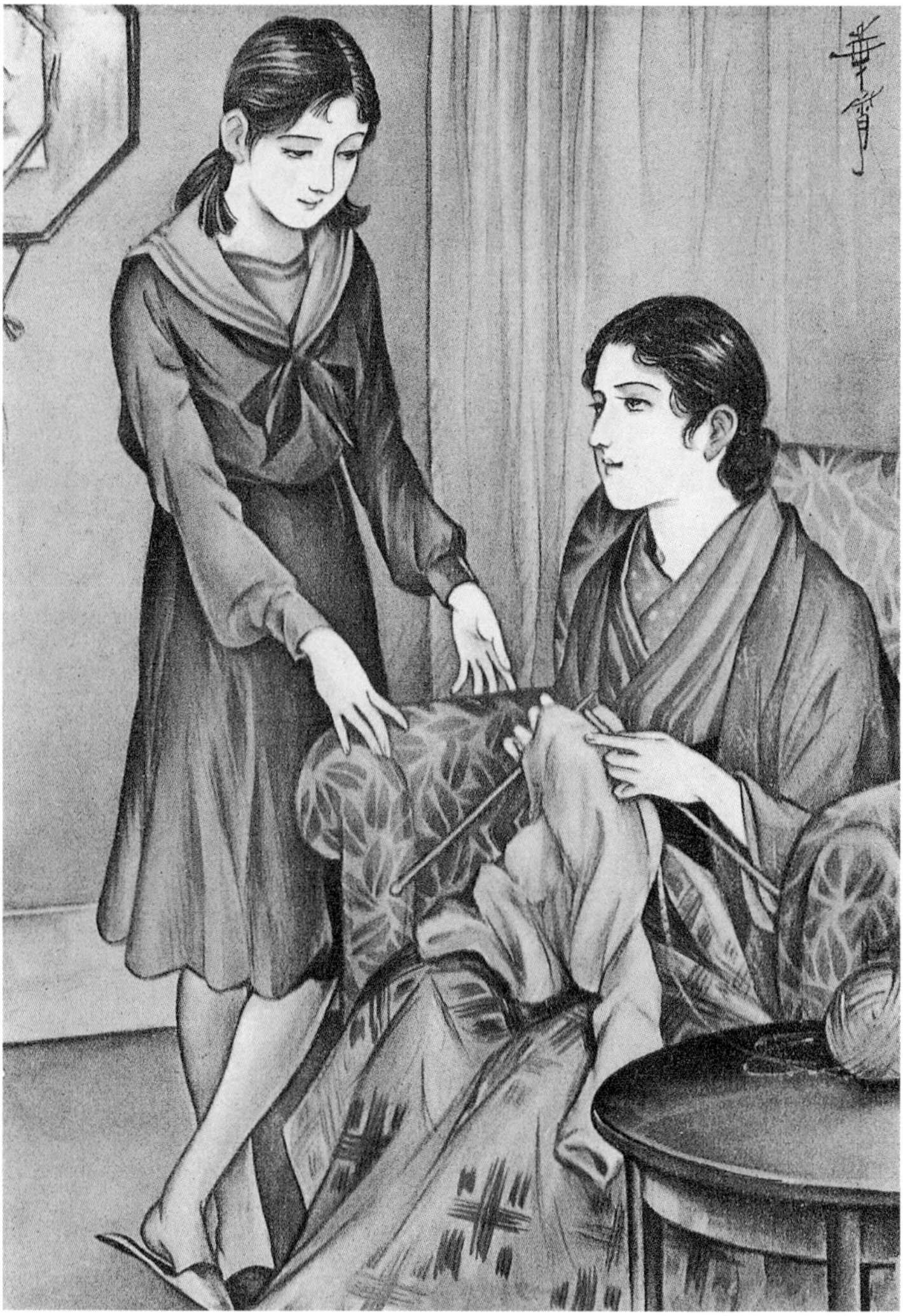

二つの買い物をすませ、義務感から解放されたような気分の牧子は、洋書店に足を運ぶ。ふと目に入ったのは「What should we do」と金文字で書かれた背表紙だった。我ら何をなすべきか、と読むのだろうか？自分たちは何をしなければならないのだろう、自分は早くそれが知りたい、牧子は考え込みながら家路についた。

家についた牧子は早速、大好きな母親にその本のことを告げる。そこに父親が口をはさむ。「女は結婚して家庭をおさめ子を養育する天職が義務だ」と冷たく言う父親。牧子は女である自分を軽んじる父親に、反発を感じるのだった。

§

牧子が差し出した包みに不満顔の陽子。陽子は新しく買ったものより、牧子が身につけているものがほしいのだと言い、牧子が持つもう一つの包みを取り上げてしまう。こちらは一枝のために用意したインクスタンドだったが……。自分は牧子が好きだからこそ非常識な振る舞いをするのだと宣言する陽子に、牧子は圧倒されてしまう。

牧子が陽子のために選んだ、銀の花籠《はなかご》型のキャンディー入れは一枝の手に渡ることになった。それを知る由もない一枝は、牧子からの美しい贈物に胸をはずませる。何事にも生真面目な一枝は、いちずな性格であった。ロボットとの渾名《あだな》を持つ一枝だが、その内面には、人一倍熱い血が流れていたのだった。

§

夏休み。牧子と陽子は学校の水泳合宿に参加する。トラブルを起こしても平気な顔をし、上級生にもたてつく陽子に、調子を狂わされる牧子。陽子の誘惑に抗《あらが》えず、大胆にも一緒になって禁制を破ってしまう。我が家を遠く離れ、牧子は今まで知らなかったもう一つの自分の姿を発見するのだった。

しかし、一通の電報を機に、牧子は合宿を切り上げ、急遽帰宅することになった。病弱な母が倒れたのだった。大好きな母にしのびよる死の影におびえる牧子に、父は冷酷にも、母亡き後は責任をもって弟の面倒を見るよう重圧をかけるのだった。

§

新学期。牧子の姿を見いだすや、陽子が飛んでくる。母を亡くした牧子におまじないをかけるのだという。陽子は牧子を車に乗せると、一枝が牧子の母のために遠慮がちに差し出した白花の花束を窓から捨ててしまった。一瞬、良心の呵責《かしゃく》を覚えつつも、自暴自棄の牧子は陽子のなすがままに従う。

車は横浜へ着いた。西洋人のマダム・ブルュンヌの店で陽子は牧子に洋服をあつらえさせる。ニューグランド・ホテルのグリルで、慣れた様子で次々と食事を注文する。カクテルを口にする陽子の唇にはルージュが光る。帰り道、陽子は少女ギャングよろしく運転手に検問を突破させる……。陽子に誘われて初めて経験する大人びた行いとスリルとに、牧子は母を失った悲しみも忘れ、陽子の〈おまじない〉にすっかり幻惑されるのだった。

§

牧子は変わった。牧子の弟亙《わたる》は、毎日遅くに帰宅し、自分を払いのける姉の冷たい態度に寂しさを募らせる。唯一の慰めだったピアノも父から取り上げられた時、亙はふらふらと家出をしてしまう。

夜になっても帰らない亙を案じる牧子と父。牧子は弟を顧みなかったことを激しく後悔し、父もまた自分の期待を息子に押しつけすぎていたことを悔やむのだった。不安を共有する父と娘ははじめて心を通わせる。

亙が帰ってきた。知らない街に迷い込み、自動車に轢《ひ》かれそうになった亙を送り届けてくれたのは、何と一枝だった。牧子は自分を恥じ、陽子に一通の手紙をしたためる。

「さようなら、陽子様、あなたの今までの御友情を牧子は忘れませぬ。でも、もう牧子はあなたの魔法の輪の外においで下さいませ。」

§

牧子と陽子は絶交状態に入った。周囲が噂するなかで、牧子は一枝との友情を深める。

二学期の終わり頃、陽子の姿が学校から消えた。陽子は気管支炎を患い、療養生活に入ったのだ。三学期になっても陽子は姿を見せない。薄情なもので、陽子の取り巻きたちはだんだんと陽子の存在を忘れてゆく……。

そんなある日、一枝が一通の手紙を牧子に手渡す。それは陽子が一枝に宛てて書いたものだった。湧き出る涙に耐えかねる牧子。一枝も瞳をぬらしていた。病が高慢だった陽子の心を溶かしていたのだ。

§

冬の海辺を訪ねた牧子。病にやつれた陽子が浜辺にたたずむ。陽子からはわすれなぐさの香りがほのかに香るが、牧子がそれに惑わされることはもうなかった。かわりに、わすれなぐさの香りは三人の友情の証のごとく心に浸み入ったのである。

「屋根裏の二処女」は吉屋信子の初期作品。洛陽堂から大正9年に刊行されました。信子は東京での青春時代、同じ寮の友人と一緒に映画を観に行ったことを理由に退寮を余儀なくされ、YWCAの寮に移るという経験をしています。この物語の舞台であるYWCA（本作ではYWA）の描写には、信子自身の体験が反映されていると考えられます。
YWCAはキリスト教の奉仕グループですが、女子寮が少なかった当時、学生や都会で働く女子が安心して暮らせるよう、住まいの提供も行っていました。

吉屋信子「屋根裏の二処女」

章子《あきこ》は〈心の要《かなめ》の抜けた子〉。ミス・Lの寮を追い出され、YWAの寄宿舎にやってきた。章子が導かれたその部屋は、塔の頂上、青い壁の三角形をした屋根裏部屋だった。

章子の住まう屋根裏にはもう一つ部屋があった。隣の住人は〈秋津さん〉。水晶のように冷たい静かさを持つ彼女に、章子は一目で心を奪われてしまう。

ある日曜の朝、章子は洗濯袋を肩にかけた秋津さんとすれ違う。勉強することさえも禁じられた神聖なる安息日に、洗濯袋を下げて悠然としている秋津さん。彼女は美しき異端《いたん》者《しゃ》だった。

§

日曜の晩には、皆で祈禱会をするのが定めであった。各々が信仰談を語る。章子の番。他の寮生たちが語る抽象的な信仰談に違和感を覚えた章子は、全身の努力で震えながら語る。

「私は――私は――神様の――お姿を――確かに眼の前に見ましたら――直ぐに信じますッ――」

章子自身は本気で言った言葉であった。しかし、あちこちから失笑がもれる……。

明かりの消えた階段をとぼとぼと昇る傷心の章子を、誰かが足早に追ってくる。

「貴方は……貴方は……何んという……純な正直な……方でしょう……」

章子が額に感じたのは秋津さんの熱い唇だった。

二人はやがて生活を一つにする。秋津さんの部屋をふたりの書斎に、そして章子の部屋には美しい臥所《ふしど》を一つだけ用意して。

§

クリスマスも近いある日、二人の処女《おとめ》の暮らす屋根裏部屋に、一人の美しい訪問者が現れる。秋津さんの郷里の友人きぬ子だった。

年が明け、秋津さんの元には毎日のように手紙が届けられる。差出人はきぬ子。彼女は伴男爵夫人となった今でも秋津さんを求めているのだ。

嫉妬に身悶《みもだ》えする章子。秋津さんもまた、憂鬱を深めていく。二人はおのずと別れ別れになった。

秋津さんを失った章子の生活は乱れる。いらいらの募る章子は、ついに癇《かん》癪《しゃく》を爆発させ、退寮を命じられる。

ゆくあてもないまま荷物をまとめる章子に秋津さんはすべてを語る。

何と、哀れな伴夫人はひとり死んでいったという。そして秋津さんをこの世につなぎとめたのはただ章子の存在だったと……。

あの美しい伴夫人の内には自我の炎が燃えていたのだ。それは恋でも、結婚でも消されることなく、青白い炎となって彼女自身を焼き尽くしてしまったのだった。

章子もそうではなかったか？　章子は決して心の要が抜けていたのではなかった。章子もまた人一倍自我を強くはびこらせていた娘だったのだ。

秋津さんは静かに語る。

「ふたりの運命をふたりで求めましょう。ふたりのみゆく路をふたりで探しましょう。――これから――。」

二人の処女は屋根裏を後にするのだった。

元祖乙女のカリスマ作家
吉屋信子という人

吉屋信子は明治二十九年（一八九六）、地方官吏を勤める父の五番目の子どもとして生まれました。七人きょうだいのうちたった一人の女の子。しかし、当時としては意志的な容貌を持ち、女の子らしい遊びよりは、本を読んだり文章を書いたりすることが好きな女の子でした。

父の転勤に従い、新潟から栃木へ移住。栃木高女を卒業しています。ただし、良妻賢母教育を掲げたこの学校は、信子には窮屈なところだったようです。

そんな信子の支えになっていたのが、少女雑誌への投稿でした。博文館の『少女世界』では名の知れた存在になっていました。大正四年（一九一五）、十九歳になった信子は小説家を目指して上京します。翌年には「花物語」が認められ、少女小説家としての人気を不動のものにしてゆきます。

大正八年には「地の果てまで」が『大阪朝日新聞』の懸賞小説に一等当選し、大衆小説作家としてもスタートを切りました。以後、晩年の代表作「徳川の夫人たち」に至るまで、多数の作品を信子は世に送り出しました。

ところで、信子が生涯を一人の女性と共にしたことは広く知られています。信子が彼女と出会った大正十二年（一九二三）当時、志を同じくする女性同士が同居生活を送る例は珍しくはありませんでした。しかし、その関係を生涯継続し得たのは、信子たちの他に例をみないようです。

それを可能にしたのは、信子自身のペンの力でした。

「屋根裏の二処女」のラスト。悲愴な覚悟で寮を出て行く秋津さんと章子には行くあてがありません。この作品が書かれた大正時代には、女性が自らの信念を貫いて生きることは困難でした。

しかし、信子は小説家として自立することで、それを可能にしました。信子は、自らが創造したヒロインの誰よりも強く、ペン一本で大正～昭和を生きぬいたのです。

信子は昭和四十八年（一九七三）、静かにその生涯を終えました。

『婦人倶楽部』昭和5年9月号より

『少女の友』昭和5年1月号〜12月号連載。単行本化にあたり、信子は次のような文を寄せています。「貧しけれどあくまでも高貴な一人の乙女『まゆみ』が苦難多い人生に戦って行く涙ぐましくも美わしの物語です」。日本の少女には珍しく強い意志と自我を持つヒロインまゆみの姿は、本作の構想がパリ外遊中に練られたからでしょうか。淡い表現ではありますが、珠彦がまゆみに心を寄せてゆくさまも描いています。
挿絵は林唯一が担当しました。

吉屋信子「紅雀」

故郷での休暇を終え、東京へ向かう列車の中。純子《すみこ》は気品あふれる二人の姉弟に眼が釘付けになる。十一、二歳の弟は貴族的で可憐な美少年。そして、十四、五歳の姉は黒く冷たく輝く瞳を持つ、意志的な印象を与える少女だった。

ガタンと列車が大きく揺れたその時、皆は異変に気づく。眠っていたと思われた姉弟の母親は、すでにこと切れていたのだ。姉弟は大陸育ちで、母子三人、東京に向かう途中であった。聞けば他に身寄りもないという。

育ちの良さそうな姉弟が孤児院に入れられるのを哀れんだ純子は、家庭教師として働く辻男爵家で姉弟を引き取ってもらう。

十九歳の若さながら男爵家当主である珠彦《たまひこ》は、母親と純子の決断に冷ややかな態度をとるが、姉まゆみと弟章一《しょういち》は辻家で暮らすことになった。

まゆみは辻家の娘綾子《あやこ》と同じ女学校へ通う。素直で愛らしく、辻家の人々にすぐ溶け込んだ章一に比べ、まゆみは強情な態度を崩さない。純子はそんなまゆみを心配気に見守る。

だが、音楽に非凡な才能をみせ、乗馬の名手でもあるまゆみに、神経質なところのある珠彦も、やがて一目置くようになった。

§

夏、辻家の人々と知人の娘利栄子《りえこ》は伊香保《いかほ》にやってきた。何かとまゆみを敵視する利栄子だが、珠彦は公平な態度を崩さない。珠彦の態度に自分を恥じ、また利栄子びいきの女中の噂話を耳にしたまゆみは、眠る章一に別れを告げ、一人榛名《はるな》の山に深く分け入る。他人の温情を素直に受けるには、自分はあまりにも我が強すぎた。それがために周囲に迷惑をかけた。弟を頼むと書き残して。

§

辻家の人々は、情けをかけるのは容易《たやす》くとも、魂を守ることは難しいと意気消沈する。そして、不幸な身の上ながらも誇り高く生きようとするまゆみに、ある種の尊敬さえ感じるのだった。

§

まゆみの荷物を整理していた純子は、二羽の紅雀を彫った紅珊瑚《べにさんご》の彫り物を見つける。それはまゆみが堂《どう》本《もと》子爵の娘で、そして純子の亡き恋人の姪である証だった。

§

山中で倒れているのを儀十郎《ぎじゅうろう》爺さんに助けられたまゆみは、怪我をした儀十郎のかわりに、御者《ぎょしゃ》として働いていた。額に汗して働く中で、まゆみの頑なな心も和らいでいた。

§

一年後の夏。愛馬にまたがり榛名の山路を行く珠彦とまゆみたち。白革の手袋に隠れて見えないが、まゆみの指には婚約指輪がはめられていた。

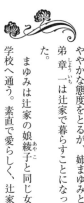

林唯一「紅雀」挿絵『少女の友』昭和5年1月号　印刷

『少女の友』昭和14年4月号〜15年3月号連載。吉屋信子は甘美な物語だけでなく、その時々の社会情勢を織り込みながら、運命に翻弄されつつも幸せをつかみとってゆく少年少女の成長物語も数多く描いています。
本作もその系統の物語に数えられますが、貧しくても誇り高く生きようとするヒロイン環と、そんな環に魅かれる則子の心情が細やかに綴られ、単なる成長物語ではなく、抒情性を帯びた作品になっています。
松本かつぢの挿絵がリリカルな彩りを添えています。

吉屋信子「乙女手帖」

1

松本かつぢ「乙女手帖」挿絵『少女の友』
昭和14年4月号〜15年3月号掲載　印刷

2

1　則子《のりこ》は女学校の入学試験で、ある少女に心魅《ひ》かれる。彼女はいち早く答案を書き上げると微風のように試験会場を出て行ってしまった。はっとするほど美しく、孤独を誇る表情をした彼女の姿は、則子の胸に強く焼き付けられる。

2　首尾良く合格した則子。はす向かいの席に彼女――環《たまき》の姿を見つけ自分の幸運をよろこぶ。しかし、どういうわけか環は自分にはまったく関心を払わない。則子は思案する。環の注意を自分に向けさせるには――

「お友だちに、なりましょう」則子はノートの切れはしにこう書き、小さく折りたたんで、環の机の上にポンと放り投げた。それは則子自身、びっくりするほど大胆な行動で、則子は恥ずかしさのあまり教室を飛び出してしまった。

次の時間、ふるえる手で開いた環からの紙切れには、たった一文字がはっきりと書いてあった。「諾」と。

3　友達として過ごす最初の昼休み。手始めに、二人は互いの家族構成などを語り合う。環はすらすらと答える。母のこと、兄のこと。しかし、それらはすべて美しい嘘だった。環は母を亡くし、父親と二人きり、アパート暮らしをしていたのだった。環の語った生活は夢だった。良心の呵責《かしやく》を覚えつつも、環は自分と友達になりたいと申し込んできた則子に、自分の描く夢のまま告げたかったのだ。

§

4　粗末なアパートの一室で、一人侘《わ》びしくご飯を食べながら、自分のことを好きになっている則子のことを考える。則子の家はきっと立派で、何不自由ない幸福な娘なのだろう。

3

4

そこへ珍しく酔っぱらった父親が帰ってきた。

父には娘に言えない秘密があった。娘には兜町《かぶとちょう》の株屋に勤めているといっているが、実はチンドン屋をして糊口《ここう》をしのいでいるのだ。その日は警察に追われたスリの少年から託された財布に、いけないと思いつつも手を付けてしまったのだ。可愛い娘の入学の支度を整えてやりたいという親心ゆえの過ちだったが……。

5　少年スリの銀吉は、環の父に復讐せんとつけ狙う。何も知らない環は、夜露に濡れながら夜明かしするルンペン風情の銀吉に同情を寄せる。哀れなルンペンの子に比べれば、自分には父親もいて、狭いながらも家があるではないか。環は虚栄心から則子に語った自分の嘘を恥じる。
　自分のまことの姿を隠して嘘で語るのは、自分の生活と自分自身を侮辱するものだ。この生活にも誇りをもって暮らそう。そう環は誓い、それに気づかせてくれた銀吉に心づくしのおむすびを手渡すのだった。

5

§

6　昼休み。環は則子に自分が嘘をついていたことを潔く告げる。環の悲壮な覚悟に則子は驚き言葉を失う。毅然とした態度で立ち去る環。後に残された則子は、あなたには幻滅することはない、前よりも貴女を尊敬すると、その場でこう告げられなかったことを後悔する。則子は環の強い性格に驚異の思いを抱くと同時に、その裏にある純粋な悲しみを思いやり、胸が痛くなるのだった。

6

§

7　環の優しさに触れ、環の父への復讐をサラリと捨てた銀吉。銀吉はその旨《むね》を紙に書き付け、環の家に放り込む。しかし、その手紙を最初に発見したのは皮肉にも環だった。

頭の良い環はすべてを了解し、女学校をやめ、働くことを決意するのだった。

そんな折、チンドン屋をする父が倒れたとの報が入る。

8 環の父親が運ばれたのは、偶然にも、則子の叔父の病院だった。環は父の自尊心を傷つけぬよう、父の秘密を知っていることを隠して看病にいそしむ。則子もまた環の心中を思いやり、そっと見守るのだった。則子は環にのしかかるであろう入院費を案じ、環の力になろうと強く思うのだった。

銀吉もまた環を案じていた。スリを止《や》めたはずの銀吉だったが、環の父の入院費を稼ぐため、意を決して再び街に出る。これが最後と言い聞かせ手を出した人は……何という運命の巡り合わせ！　偶然にも環の父の弟だった。彼は環の父を捜して東京に来ていたのだ。環の父は埼玉の富農の長男だったが、一旗揚げようと東京に出、実家とは音信不通になっていたのだ。

9 次の年の春、則子は環からの手紙を受け取る。環は今、父の郷里の女学校に通っている。銀吉は、環父《おや》子《こ》の家族として迎えられたそうだ。二人は今度こそ、本当の友達同士になったのだった。

7

8

9

嗚呼《ああ》！憧れのお姉さま1

大正・昭和の女学生たちにとって、
現実の憧れの存在は誰だったのでしょう？
雑誌の写真グラビアからピックアップしてみました。

小夜福子『少女の友』昭和10年8月号より

大空ひろみ『少女の友』昭和10年7月号より

宝塚少女歌劇団

憧れのお姉さまの筆頭は、宝塚少女歌劇団のスターでした。雑誌の写真グラビアには毎月のように宝塚スターの記事が掲載されました。

宝塚歌劇団というと、現代では、一部の熱狂的なファンに支えられた特殊な世界を思い浮かべますが、当時は、ごくごくポピュラーなものでした。現代の中高生がジャニーズ・タレントに夢中になるのと同じような感覚だったようです。当時は、男優に熱を上げるなど〈不良〉のすること。乙女たちの熱い視線はおのずと宝塚の男装の麗人へ向いたのです。

世界的にも珍しい女性だけの歌劇団「宝塚少女歌劇団」は、大正三年（一九一四）、現在の兵庫県宝塚市で記念すべき第一回公演を行いました。もともとは箕面有馬電気軌道（現・阪急電鉄）の小林一三が観光客誘致のアトラクションとして考案したものでしたが、歌と踊りによる華やかな舞台はまたたくまに評判となり、大正七年（一九一八）には東京帝国劇場での出張公演も行い、雑誌『歌劇』も創刊されるほどの人気を得ました。昭和九年（一九三四）には東京宝塚劇場もオープンし、宝塚は第一次全盛期を迎えました。

男役の小夜福子《さよふくこ》、春日野八千代《かすがのやちよ》、奈良美也子《ならみやこ》などが絶大な人気を誇っていました。歌唱力と演技力に恵まれた葦原邦子《あしはらくにこ》も人気でした。この葦原邦子は後に中原淳一と結婚し、女学生たちをあっと言わせました。

宝塚のモットーは「清く、正しく、美しく」でした。厳しい選抜試験をくぐりぬけた容姿と技芸に優れた少女が、歌劇学校で芸だけでなく礼儀作法もみっちりしこまれます。礼儀正しく、品が良く、そしてロマンチックな宝塚は、女学生たちの趣味嗜好にピッタリくるものでした。

宝塚ファンもこのモットーを共有

奈良美也子『少女の友』
昭和10年7月号より

水の江滝子『少女の友』昭和11年11月号より

春日野八千代『少女の友』昭和10年9月号より

していました。熱心なファンほど、学校の勉強にも励んだようです。良い席をとるために明け方から劇場に向かうと、居並ぶファンが皆教科書を読んでいたというエピソードもあります。スターたちの心意気に報いて、宝塚に夢中だから成績が下がったなどとは絶対に言われたくなかったのだそうです。

松竹少女歌劇団

宝塚のライバル的存在だったのが「松竹少女歌劇団」です。こちらは宝塚の後発組として誕生しましたが、水の《みずの》江《え》滝子《たきこ》（ターキー）というスターを育て、宝塚と激しいレビュー合戦を繰り広げました。水の江滝子は日本初の男装の麗人として名を馳せました。少年のように髪を短く切った背の高いターキーは、ファンの胸をときめかせました。それまでは宝塚の男役スターも髪は長いままだったのです。

宝塚と比べると娯楽性がより強く、軟派なイメージもありましたが、華やかなレビューはとても魅惑的なものでした。

松竹少女歌劇団『少女画報』
昭和8年12月号より

『少女の友』昭和12年6月号〜昭和13年3月号連載。中原淳一の美しい挿絵の魅力とあいまって、一大ブームを巻き起こしました。都会のミッション・スクールの風俗を描いた本作の影響で、全国の女学校に〈エス〉が急増したとか。川端の描く学園模様は具体的で、かつ美しく、皆が思わず真似をしたくなってしまったようです。最近の研究では、本作には弟子で横浜のミッション・スクール出身の中里恒子が深くかかわっていたことが明らかになっています。

川端康成「乙女の港」

　横浜のとあるミッション・スクール。入学式を終えてほどないある日、三千子《みちこ》は二通の手紙を受け取る。一通は木蓮《もくれん》と称する五年の洋子から。もう一通は三千子を菫と呼ぶ四年の克子《かつこ》から。入学したばかりの三千子は戸惑う。

「エスっていうのはね、シスタア、姉妹の略よ。頭文字を使っているの。上級生と下級生が仲よしになると、そう云って、騒がれるのよ。」

と、経子《つねこ》に聞かされても、

「仲よしって、誰とだって仲よくしていいんでしょう。」

「あら、そんなんじゃなくてよ。特別好きになって、贈物をし合ったりするんでなくちゃ……。」

　三千子は同じ学校に通い、毎日顔を合わせる者同士が、こうして別に手紙をやりとりすることを不思議に思うが、何となく心のときめきを感じるのだった。

　ある放課後、にわか雨に当惑する三千子に美しい上級生が声をかける。木蓮の君、洋子だった。その人と見つめあい、誘い込まれるようにして三千子は洋子の傘に入る。

　三千子が洋子のエスになった後も、四年の克子からは何度も手紙が届いた。朝礼の時など、克子が洋子に敵愾心《てきがいしん》を燃やすのを目の当たりにすると、三千子の胸は痛む。

　美しく上品な洋子、秀才であるだけでなくスポーツも得意な克子。校内でも目立つ存在の二人に愛される三千子は好奇の的である。三千子をやっかむ同級生も多い。浴びせられる中傷に、三千子は自分は一生ひとりしかお姉さまを持たないと誓うのだった。

　やがて洋子の家庭の陰口が広まる。洋子は母の愛情を知らずに育ったかわいそうな娘だった。三千子はこの陰口もみんな自分のせいだと考えると、ますます洋子への思慕を募らせるのだった。

　夏休み、三千子は軽井沢の伯母の別荘にやってきた。そこで測らずも克子に出会う。克子の強引な誘いに、三千子は克子と軽井沢の夏を楽しむ。

　洋子への手紙をしたためる三千子を見咎めた克子。勝ち気な克子は、自分が今、三千子と一緒にいる旨、一筆加える。

　三千子は洋子にすまないと思いながらも、眩しいほど健康的な克子の魅力に抗うことができない。何を言われても、三千子はただうなずくばかりだった。

　洋子からは少し他人行儀な、しかし、克子と仲良くやるようにとの思いやりにあふれた手紙が届く。

　自転車乗りに興じていたある時、いつの間にか、三千子は克子に負けるものかとペダルを強く踏み込んでいた。三千子は自分の心の変化に驚く。

「この夏中に、三千子さんを強く鍛えてあげるの。私の好きなように、三千子さんを変えちゃうの。……洋

中原淳一「乙女の港」挿絵『少女の友』昭和12年6月号　印刷

子さん驚くだろうなア。」

「いやよ、いやよ。」

と、三千子は思わず、かぶりを振った。


「八木さんとも、こんなに三千子さん喧嘩する？」

「いいえ、ちっとも……。お姉さまは、やさしいんですもの。」

「ねエ、三千子さん、ほんとうの仲よしは、喧嘩するものよ。喧嘩も出来ないなんて、可哀そうみたいね。」

「その人が心から好きなら、よけい、いろいろ文句が云いたくなるんじゃないの？」

「そうね。」


軽井沢から帰る間際、三千子は熱を出して寝込んでしまった。駆けつけた克子。しかし、三千子がうわごとで呼んだのは洋子の名だった。三千子の心を得たと思っていた克子だったが、そうではなかった。克子は夢の中でさえも三千子の心を占める洋子に嫉妬心を募らせる。


軽井沢から戻った三千子は早速、洋子の待つ牧場へと走る。軽井沢でかけられた克子の魔法から逃れるようにして。久しぶりに会う洋子は美しかった。克子が地上の花なら、洋子は天上の花。

「あたし、誰とも仲よくしたいけれど、克子さんてば、そうじゃないのよ。」

「そりゃそうよ。誰ともと云ったって、その誰ともによりけりだわ。」

「お姉さまも、克子さんおいや？」

「お友達になりたいけれど、向こうでそうして下さらないのだわ。」


新学期。親しげに三千子の肩を抱く克子の姿に、全校生徒は騒然となる。きつい眼で周囲を見返す克子に対し、三千子は自分を取り巻く意地悪い視線にうろたえる。克子の挑戦的な態度に、洋子のクラスメートたちも黙ってはいられない。


五年の洋子派と四年の克子派とが反目するなか、秋の校内運動会が開かれた。洋子と克子と三千子の三角関係が、紅白の合戦に持ち込まれる。いやがおうでも盛り上がる運動会に、突然の出来事が起る。

克子が競技中に転倒し、大怪我をしたのだ。駆けつけたのは救急係の洋子。傷を負い横たわる哀れな克子を洋子が手際よく看病する。

洋子は自問自答する。三千子を自分一人の妹として独占し、克子に勝っていると誇っていなかったか？

克子もまた、すぐに三千子を付き添わせた洋子の心の広さと優しさに触れ、洋子への敵愾心を溶かしてゆくのだった。


卒業の日が近づく。校庭の隅では、何組かのエス同士が残り少ない日々を惜しみあっている。まだ登校できない克子を思いやり、三千子への態度も控え目な洋子。もしかしたら、克子は洋子のためにわざと登校を遅らせているのかもしれない。

「克子さんは、もう一年いらっしゃるのね。仲よくしてあげてね。」

「克子さんは強いから、三千子さんのことを、お願いしておくわ。三千子さんがやさしくしてあげないと、あの方、また意地っ張りになってよ、分る？」

三千子と洋子は静かに歩きながら、過ぎ去った日々の思い出をこと細かに話し合うのだった。

『少女の友』昭和13年4月号〜14年3月号連載。ブームを起こした「乙女の港」に続き、少女たちの学園生活を描いた物語。前作とは対照的に、今度は官立の女学校が舞台となり、〈妹〉を愛する立場の少女が主人公です。嫁いだ姉が残していった女学生時代の日記を道しるべに、主人公は周囲の人との交わりを通じて成長してゆきます。若妻となった姉の心境の変化にも、当時の一般的な女性の考え方を知るうえで興味深いものがあります。

川端康成「花日記」

なほみは官立女学校の二年生。気の勝《まさ》った理性的な勉強家だが、母親代わりの姉英子《えいこ》がお嫁に行ってしまい、淋しく頼りない思いでいる。なほみの隣家の清子《きよこ》は私立の女学校の二年生でごく気の合った仲良しである。清子にとって英子は同じ学校の憧れの先輩でもあり、二人で英子を懐かしむ。

英子はなほみに自分の女学生時代の日記を渡していた。なほみと清子はそれを「花日記」と名付け、清子と二人で少しずつ読み進める。そこにはなほみの知らない姉の姿があった。

英子には〈お姉さま〉がいた。早くに母親を亡くし、つねになほみを守る立場であらねばならなかった英子が、〈お姉さま〉を得たとまどいと喜び。なほみは姉もまた頼る人が欲しかったことに気づき、自分ばかりが甘えていたことを申し訳なく思うのだった。

春の遠足。日光へは何度も足を運んでいるなほみは、遠足には参加せず、校内で自習をする。留守番組の中に目をひく新入生がいた。その少女・綾子《あやこ》は足の不自由な少女だった。

いたいたしい綾子を守りたい。綾子と仲良くなって明るくしてあげたい。なほみは何ともいえない心持ちで、綾子に手紙をしたためる。いつも子どもじみていれば良かったなほみにとって、姉らしい気分は初めて感じるものだった。

なほみの学校はすべての規律が厳格で、質実、勤勉をモットーとしている校風であるから、ミッション・スクールに比べるとエスとかの交際も派手ではない。校内での手紙のやりとりも全くの秘密主義で、秀才はたくさんいるけれど、こせこせした空気がある。ある日、なほみは自分と綾子の交際をよく思わないクラスメートから匿名の意地悪い手紙を受ける。勝ち気ななほみは反抗心をあらわにするが……。

綾子に感じる気持ちは仲良しの清子と遊ぶ気持ちとはどこか違う。清子といる時のような楽しさや快活さとは違って、綾子との交際は苦しさや不安がつきまとう。この違いはどこからくるのだろうか? なほみは自分の心を姉の英子に打ち明ける。女学校時代の仲良しごっこを卒業し、今や新妻らしい落ち着きと輝きをまとった英子は、最良の相談相手だった。英子はそんな妹の心の成長を温かく見守るのだった。

そんなある日、英子が病に倒れる。少女たちは、英子に忍び寄る死の影に不安を覚えながらも、それぞれの若い心を成長させてゆくのだった。

嗚《あ》呼《あ》！ 憧れのお姉さま2

諏訪根自子『少女の友』
昭和10年11月号より

九条武子夫人『令女界』
昭和3年4月号より

九条武子夫人

写真グラビアには、吉屋信子、林芙美子、宇野千代といった女性文学者も多数登場しましたが、なかでも、一種神格化された存在だったのが、歌人で社会事業家の九《く》条《じょう》武子《たけこ》夫人です。

西本願寺の法主大谷光尊の次女として多くの侍女にかしずかれて育った高貴な生まれ、佐佐木信綱《のぶつな》門下で活躍した文学的才能、日本三大美女とも謳われた美貌と、武子は才色兼備を絵に描いたような上流夫人でした。にもかかわらず、彼女は夫に顧みられない不幸な女性でもありました。

家柄と才能と美貌に恵まれながらも、大きな憂鬱を抱え、それを振り切るかのように想いを歌に托し、貧しい人々のために尽くす武子の姿は、日本中の心を揺さぶりました。

昭和三年、武子が四十一歳の若さで急逝すると、伝説的な存在となって語り継がれていきました。少女向けには「九条武子夫人人形」まで発売されました。

天才美少女バイオリニスト 諏訪根自子

雑誌の写真グラビアには読者と同じ年頃の少女たちも登場しました。なかでも読者の憧れの眼差しを一身に集めたのが少女バイオリニストの諏訪根自子《すわねじこ》です。

大正九年、東京に生まれた彼女は、昭和七年、わずか十二歳で初のリサイタルを開催すると、バイオリンの天才少女として一躍有名になりました。

ハイカラなお嬢さま生活の代名詞でもあったバイオリンの才能を持つだけでなく、輝くような美少女でもある根自子を少女雑誌が放っておくわけがありません。彼女の記事や手記はたびたび雑誌に掲載されました。天才少女と騒がれながらも、奢《おご》ることなく真摯に勉強を続ける根自子は、成長するにつれ輝きを増す美貌とあいまって、理想的な女学生の姿そのものでした。

根自子の活躍は国内に止まりませんでした。昭和十一年に十六歳でベルギーに留学。十八歳の時にはパリへ渡ってさらに研鑚を積み、翌年にはヨーロッパでの初のリサイタルを開催して好評を博しました。その後、権威あるベルリンフィルやウィーンフィルと共演しています。そのスケールの大きさは理想の女学生の枠をはるかに超えたものでした。

諏訪根自子は日本が世界に誇るスーパー女学生だったのです。

Part 4 抒情画ギャラリー

大正・昭和の少女雑誌を彩った抒情画家の作品をご紹介します。〈抒情画〉とは、主に少女雑誌に掲載された、少女向けのイラストレーションのことです。大正中期頃、竹久夢二が始めたとされています。それまでの浮世絵や日本画と異なり、ロマンチックで情感あふれる抒情画は、思春期の少女たちが自分の心情を重ねあわせ、胸をふるわせられるものでした。
大正・昭和の人気抒情画家5人をピックアップしてご紹介します。彼らの作品は現代を生きる私たちの心にも、豊かな潤いを与えてくれるでしょう。

高畠華宵「春の丘」『少女画報』昭和4年4月号口絵　印刷

高畠華宵

両性具有の妖しい美少女

高畠華宵「帰路」(出典不明) 大正末〜昭和初期　印刷

高畠華宵 *Kashou Takabatake*
明治21(1888)〜昭和41(1966)
愛媛県宇和島生まれ。小学校卒業後、日本画家平井直水に師事する。のち、京都市立美術工芸学校、関西美術学院で学ぶ。明治44年(1911)、津村順天堂の広告絵を描いて評判となり、大正2年(1913)に『講談倶楽部』で挿絵画家としてデビュー。やがて日本画風の絵から脱皮し、エキゾチックで華麗なペン画でたちまち人気を博す。老若男女、洋の東西を問わず何でも描けたのが特徴で、あらゆる雑誌のあらゆるジャンルの小説に挿絵を描き、一世を風靡した。少年の中には少女が宿り、少女の中には少年が宿るとも称された、両性具有的な美少年美少女画は、ファンを熱狂させた。
昭和10年 (1935) 頃から、日本画制作に専念。六曲一双の屏風「移りゆく姿」は、現在では風俗資料としての価値も持つ。

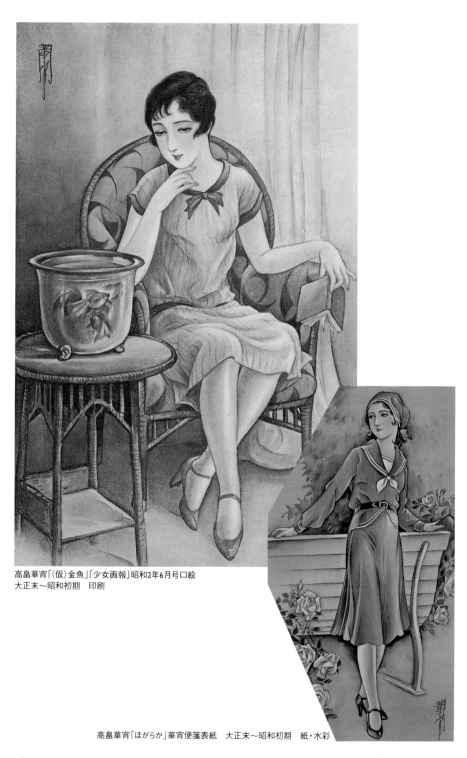

高畠華宵「(仮)金魚」『少女画報』昭和2年6月号口絵
大正末〜昭和初期　印刷

高畠華宵「ほがらか」華宵便箋表紙　大正末〜昭和初期　紙・水彩

中原淳一

憂いを帯びた瞳の清楚な乙女たち

中原淳一「露台薄暮」『少女の友』昭和11年7月号口絵　印刷

中原淳一 *Junichi Nakahara*
大正2(1913)〜昭和58(1983)
香川県生まれ。広島への転居を経て、昭和元年(1926)上京。日本美術学校絵画科に学ぶ。昭和7年(1932)、『少女の友』で挿絵画家としてデビュー。デビュー当時は竹久夢二の影響が色濃かったが、しだいに独自の画風を確立。日本的な抒情性と宣教師に囲まれて育った淳一自身の西洋的なセンスとをミックスした新鮮な画風で、またたくまに次世代の抒情画家として人気を博す。やがて『少女の友』の中心画家として活躍し、昭和10年(1935)からは表紙も担当する。しかし、昭和15年(1940)、淳一の優美でハイカラな作品を良しとしない軍部の圧力により、雑誌への執筆を禁じられる。
終戦後はいちはやく出版界に復帰。自らヒマワリ社を設立し、『それいゆ』『ひまわり』『ジュニアそれいゆ』などを発行。日本女性のセンスアップに多大な貢献を果たした。

中原淳一「セルのころ」『少女の友』昭和15年5月号表紙　紙・水彩　早稲田大学會津八一記念博物館蔵

Katsuji Matsumoto

松本かつぢ

エキゾチックな美少女と、明るくおちゃめなおてんば少女

松本かつぢ「FUTARIKKIRI NO HANASHI」『少女の友』昭和9年9月号口絵　印刷

松本かつぢ　*Katsuji Matsumoto*
明治37（1904）〜昭和61（1986）
神戸市生まれ。東京で育つ。立教中学中退。川端画学校でデッサンを学ぶ。中学在学中、家計を助けるために雑誌のカットの仕事をアルバイト的に始める。関東大震災を契機に上海に渡るが、やがて帰国し朝日新聞社に入社。一念発起して仕事の傍ら挿絵修行をし、昭和3年頃『少女世界』で念願の挿絵画家デビューを果たす。先行する人気画家の画風を徹底的に研究し、エキゾチックで繊細な美少女画で頭角を現す。やがて、抒情的な中にも、はつらつとした明るさを持つ、これまでにないタイプの少女画を確立し、華宵、虹児、まさをに次ぐ世代の新しい画家として、中原淳一と人気を二分した。加えてユーモラスな漫画にも挑戦し、新境地を開拓した。「くるくるクルミちゃん」は愛すべきキャラクターとして定着。発表雑誌を変えながらも35年間連載された。

松本かつぢ「ひとり唄う」（出典不明）昭和初期　印刷

松本かつぢ「手風琴」（出典不明）昭和初期　印刷

蕗谷虹児

パリのモダンと日本の抒情が同居した知的美少女

蕗谷虹児「さゝやき」『少女の友』昭和 12 年1月号口絵　印刷

蕗谷虹児 *Khoji Fukiya*
明治 31（1898）～昭和 54（1979）
新潟生まれ。大正 2 年（1913）に日本画家尾竹竹坡の弟子となり日本画修行に励む。大正 9 年（1920）、竹久夢二の紹介で『少女画報』に挿絵を描き始める。日本画の線描を生かした独特の画風でモダンかつ日本的な美少女画を描いて人気を博す。
1925 ～ 29 年、アール・デコが花開いたパリに滞在。パリ画壇で活躍するも、家庭の事情により志半ばで帰国を余儀なくされる。しかし、本場のアール・デコを吸収した後の虹児の絵はスタイリッシュで硬質な画風に磨きがかかり、抒情画家としてさらなる人気を高めた。
また、文章もよくし、自叙伝『花嫁人形』や、『睡蓮の夢』『悲しき微笑』など多数の詩画集を持つ。

蕗谷虹児「初訪問」『少女の友』昭和 11 年 1 月号口絵　印刷

少女のための詩について

蕗谷虹児の詩画集
『雫の真珠』
大正 14 年 3 月
白揚社

加藤まさをと蕗谷虹児

蕗谷虹児と加藤まさをは、挿絵画家としての活動だけでなく、詩人としても積極的に活動しました。（詩人としての 2 人の代表作にはそれぞれ童謡「月の沙漠」と「花嫁人形」があります。）
絵も描け、詩もうたえる虹児とまさをは、たくさんの詩画集を世に出しています。小説挿絵と違い、文章も絵も自分で創造できる詩画集は、彼らにとって、自分の世界観を余すところなく表現できる、絶好の機会でした。

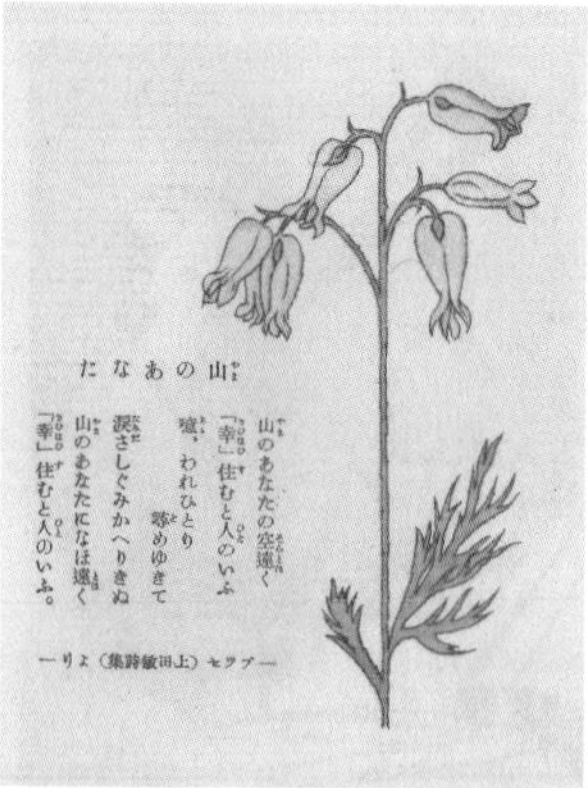

「山のあなた」（ブッセ詩／上田敏訳）
詩集「わすれなぐさ」
（『少女の友』昭和 9 年 2 月号付録）より

大正・昭和の少女雑誌をひもといてゆくと意外な感を受けるのが、詩の扱いの大きさです。西條八十、サトウハチロー、堀口大学、ロングフェローやロゼッティの英詩など、当時の少女雑誌には、数編の詩が毎号のように掲載されました。しかも、それらは人気画家のイラストが添えられ、二色ページや質の良い紙を使ったページなど、雑誌の華である巻頭部分に掲載されるのが定番でした。

現代の少女雑誌では、詩をこれほどメジャーに扱ってはいないでしょう。今の世では、よほどの文学少女でない限り、詩集を手にすることもないのでは？

では、大正・昭和の女学生の方が、現代の女子学生より文学的素養に優れ、感受性も豊かだったのでしょうか？

必ずしもそうではないと思います。当時と今では、詩に対する見方がかなり異なりました。現代では、詩は〈教科書で習う高尚な文芸〉というイメージが濃厚です。ですが、大正・昭和の世で詩とは〈教科書には載らない〉ものだったのです。

当時の国語の教科書はとても堅いものでした。古典文学が中心で、自由な心情を謳った詩などは皆無でした。詩はかなり自由な、くだけたものだったようです。メロディーこそついていませんが、当時の少女たちにとって、詩に親しむことは、現代でいうところの人気アーティストの歌に心ふるわせる行為と近かったと考えられるのです。

もちろん、当時も流行歌はありました。しかし、それらは大人向けで、どちらかといえば下世話なものとされていました。女学生が流行歌を口ずさむなど「はしたない」とされていたそうです。

となると、思春期の少女が自分の胸の内を重ね合わせられるものは、やはり抒情画が添えられた甘やかな詩が一番近そうです。

Part 5 憧れの女学生生活

高等女学校に通う少女たちは、どんな学園生活を送っていたのでしょうか。制服は？　どんな勉強をしていたの？　どんなものが流行っていたの？　学校によってどんな違いがあったの？
現存する資料をもとに、当時の女学生ライフを覗いてみましょう。

松本かつぢ「戦ひの前」『少女の友』昭和10年5月号口絵　印刷

制服の歴史

今も昔も女学生のシンボルは〈制服〉でした。
制服が可愛いからという理由で進学先を決める現代っ子は少なくありませんが、
大正・昭和の時代にも、そうした女子はいたようです。
一日の大半それを着て過ごすわけですし、
世間からの識別記号にもなるものですから、
女学生のアイデンティティたる制服は、いつの世も乙女の関心事でした。
ここでは、制服の歴史を女学校ができた明治時代からたどります。

談笑する女学生たち　昭和14年　写真提供／お茶の水女子大学附属高等学校

昔の女学生スタイルとしてまず思い浮かべるのが、矢絣《やがすり》の着物に袴《はかま》姿の〈はいからさん〉スタイルでしょう。これは明治後期～大正後期頃の女学生の通学姿です。その後、大正の終わり頃から徐々に洋装化が進み、昭和五年（一九三〇）頃にはほとんどの女学校がセーラー服を導入するに至っています。

　では、その推移をもう少し細かくみてゆきましょう。

明治～大正の女学生姿――袴姿のはいからさん

　髪を風になびかせながら、颯爽と自転車のペダルを漕ぐ女学生。日本初の国際的オペラ歌手・三浦環が自転車で東京音楽学校に通う姿は、世間の人々を驚かせ、語り種になりました。

　それまでは、女学生が自転車に乗るなど考えられもしなかったのです。人々の度肝を抜いたこの三浦環の自転車通学を可能にしたのは、明治の制服革命、すなわち〈女袴〉の着用でした。

　女袴とは着物の上から着用できるよう、スカート状になっている袴です。この袴は女学生の行動様式を大きく変えました。中の着物を短く着ることで足さばきを格段によくし、また裾を覆い隠すことで乱れを気にすることなく、活発に行動できるようにしたのです。それまでの女学生といえば、日本髪を結い、着物を着て、草履を履いてしずしずと歩くのが定番でしたから、女袴の着用は女学生にとって大きな変革でした。やがて、袴に短靴を合わせるという、独特の女学生ファッションも誕生しました。同時に、明治中頃から自分自身で結える〈束髪〉も浸透し、日本髪の煩わしさからも解放されることになりましたので、この時代の女学生は、以前と比べてかなりのびのびと行動できるようになったわけです。

袴着用の広がり

　ところで、女学生に袴の着用が広まったのは、明治三十二年（一八九

東京女子高等師範学校附属高等女学校の大正10年頃の通学服(低学年)　坂内青嵐画　昭和9年　資料提供／お茶の水女子大附属高等学校

東京女子高等師範学校附属高等女学校の大正元年頃の通学服(高学年)坂内青嵐画　昭和9年　資料提供／お茶の水女子大附属高等学校

跡見女学校平常服(紫袴)着用の生徒　明治30年代末から大正初期　下げ髪を結う　写真提供／学校法人跡見学園

九）に医学者ベルツが東京女子高等師範学校（当時の名称は女子高等師範学校　現・お茶の水女子大学）で、袴着用のメリットを説き、同校および附属高等女学校が採り入れてからです。（その十数年前から、すでに華族女学校において女袴が考案され、実用化されていましたが、華族女学校はその名の通り、元公家のお嬢様だけが学べる特別な学校でした。）

全国の女学校のモデル校ともいえる東京女高師附属高女が女袴を採用したことで、またたくまに袴姿が全国の女学校に定着しました。わずか二〜三年の出来事でした。

では、なぜ、袴姿がこのような短期間で広まったのでしょうか？

一つには、袴姿が新しい時代の到来を鮮烈に印象づけるカッコ良いも

女子教育ことはじめ

日本の女子教育は文明開化とともに始まった。明治3年にミス・キダーの学校（現・フェリス女学院）が横浜に、A六番女学校（現・女子学院）が築地居留地に開校。翌年にはアメリカン・ミッションホーム（現・横浜共立学園）が誕生するなど、東京と横浜を中心に、プロテスタント系ミッション・スクールが設立された。これらの学校ではキリスト教布教だけでなく、西洋の文化を日本の子女に授けた。

官立学校もそれに遅れることなく開校された。明治5年（1872）には竹橋に東京女学校が開設された。そして、明治8年（1875）には東京女子師範学校（東京女子高等師範学校を経て、現・お茶の水女子大学）が、明治15年（1882）には同校附属高等女学校が開設されている。

一方、非ミッション系私学としては明治8年、跡見女学校（現・跡見学園）が開校し、漢学や日本の古典など、東洋的な教養の充実に重点を置いた教育を行った。

ミッション・スクール、官立、私立と、それぞれ特色のある教育方針のもと、日本の女子教育は発展していった。

設立当時は、女学校で教育を受けられる少女は特権階級の子女に限られたが、大正の初めには女学校が質量ともに拡大し、市民の間にも広く認知されていった。

2　1

1.　大正12年4月入学式にて　袴姿。着物は思い思いのものを着ている。全員がおさげ髪　2.　大正13年6月撮影（大正10年4月入学生）。袴姿と洋装（私服）が混在。私服の上からも校章付ベルトを締める　3.　大正15年4月入学式にて　全員が洋装（私服）になる。断髪が増える　4.　昭和6年4月入学式にて　標準服制定後。セーラー服とジャンパースカートの上から校章付ベルトを締める独特の風俗　以上、4点　東京女子高等師範学校附属高等女学校　資料提供／お茶の水女子大学附属高等学校

のとして女学生たちに映ったことがあげられます。当時の女学生は女性のエリートでしたから、進歩的な考えを持った少女が多かったのでしょう。

そして、もう一つ、富国強兵政策を推し進めていた明治政府にとっても、機能的に優れた袴姿は推奨すべきものだったからです。日清戦争後、政府は列強諸国に肩を並べる屈強な国民育成のために、母体となる女子の体格向上を望みました。それを受けて、体を縛りつけ行動を制限する着物の着用は適切でないという意見も、教育界で出始めたのです。明治三二年（一八九九）に「高等女学校令」が発布され、高等女学校が制度化されると、体育教育の推進とともに、通学服の改良が論議されました。

こうして、袴スタイルは政府の後押しもあり、明治末までには女子学生の通学服として定着しました。

ところで、この袴スタイルは正確な意味での〈制服〉ではありません。袴と着物という枠組みだけが決められていて、派手でない限りは何を着るかは学生の自由選択に任されていました。この時代の女学生の写真を見ると、皆思い思いの着物を着用しています。

跡見女学校の場合

一方で、早い段階から和装制服を制定し、統一を図った学校があります。明治八年（一八七五）年に跡見花蹊が神田仲猿楽町に設立した跡見女学校です。

跡見女学校では開学当初から紫色の袴が制服として決められていまし

跡見女学校大正4年制定の平常服（着物も紫）着用の生徒　大正7年に制定された髪型〈ガバレット〉を結う　写真提供／学校法人跡見学園

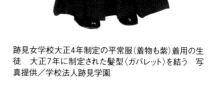

43

た。この紫色は皇后内意によるもので、〈紫袴〉は跡見のシンボルでした。

大正四年（一九一五）には大正天皇の即位を記念して〈平常服〉が定められ、着物と羽織も学校指定のものになりました。色はもちろん紫です。

平常服の制定は、他校の女学生も紫色の袴を着用し出したことが背景にありました。跡見女学校では、全身紫をまとわせることにより、他校とのさらなる差異化をはかり、学生の気持ちを引き締めさせたということです。

履物や髪型についても細かく定められました。明治四十五年（一九一二）には革靴の着用が、大正七年（一九一八）には一〜三年生用に〈ガバレット〉という髪型も定められました。このガバレットは三つ編みを頭部にぐるりと巻き付ける髪型です。

昭和五年（一九三〇）に洋装制服が新たに制定されるまで、紫の和装制服とガバレットが跡見女学校生の誇りでした。

女学校校服の洋装化の過程

袴姿のはいからさんスタイルがセーラー服やブレザーに変化したのは大正後期からです。着流しから袴姿への変化は女学生の行動範囲を広げる画期的なものでしたが、袴姿から洋装制服への変化は、それを上回るものでした。

服装は着用する人の行動様式や価値観を反映するものです。そして、逆に、服装が着る人の内面に影響を及ぼしもします。ですから、通学服の洋装化は、女学生の意識やライフスタイルの洋式化のあらわれでもあり、同時に洋式化を進めるものでもあったのです。洋の東西を飛び越える袴姿から洋装制服への移行は、意識の上でも、実際的な面からしても、なかなか大変なことだったと想像されます。何しろ下着から変えなくてはならなかったのですから（それまではブラジャーやズロースなどの下着着用の習慣はありませんでした。）、袴姿からセーラー服への移行は一足飛びにはいかなかったわけです。

しかし、政府の方針が大きな推進力となり、洋装制服の制定が進んで行きました。それは、地方において顕著だったようです。

地方の女学校の場合

地方の女学校でも大正から昭和に移り変わる頃、通学服の洋装制服化が進みました。普及時期に、都市部とのタイムラグはほとんどありませんでした。

しかし、それをとりまく状況は都市部とではかなり違っていたようです。昭和初頭の地方都市において、女学生の洋装制服は、一般市民の洋装化に先駆けて導入されたものでした。和服しか馴染んだことのない人々の前に、セーラー服の女学生が突然現れたのですから、かなりの衝撃だったでしょう。通学時の彼女たちの姿は人々の耳目を集め、日本の近代化政策のシンボル的存在とも映ったようです。当然それは、女学生

東京女子高等師範学校附属高等女学校の校章付ベルト　大正10年頃　資料提供／お茶の水女子大学附属高等学校　徽章の形は八稜鏡を模し、蘭と菊が彫り込まれている。バンドの意匠は茶の実と水の模様。（お茶の水を表す）

東京女子高等師範学校附属高等女学校の昭和7年制定の制服2種
資料提供／お茶の水女子大学附属高等学校

セーラー服の起源

昭和初頭の日本の女学校を席捲したセーラー服の起源はイギリスの水兵服にある。もともとは海軍の制服だったが、1846年にイギリスのヴィクトリア女王が5歳のエドワード王子を連れてアイルランドを訪れた際、仕立屋が王子のため特別に子ども用の水兵服を作ったのが人気を呼び、以後、セーラー服は男児の普段着として定着した。20世紀の初め頃にはセーラー服やセーラー帽は女児の普段着にもなっていた。

これを受け、日本においてセーラー服は、まず子ども服として導入された。作り方も簡単で布地も少なくてすむセーラー服は歓迎されたようである。やがて少女のための服としても人気を拡大し、女学生の通学服としても認知されるに至った。また、女学校では早い段階から運動着としても導入されていた。

たちの自尊心をくすぐるものでした。

都市部の女学校の場合

むしろ都市部において洋装制服への切り替え時期にばらつきがありました。それは女学校が多数あり、各学校がそれぞれの考えを持っていたことに起因します。

ミッション系では、早くからセーラー服を採り入れた学校もありましたが、服装に対するセンスを養う妨げになると、画一的な制服の導入に反対する学校もありました。

また、日本女性としての伝統的な価値観を重んずる学校では、制服の洋装化を西洋的な価値観の押し付けと感じたり、活動的な服装が風紀の乱れを誘発すると危惧する向きもありました。

一方で、積極的に洋装化を進めた学校もありました。

他校に先駆けて大正七年（一九一八）にワンピース型の制服を採用した山脇女学校が代表的な例です。これは、それまでの日本女性の規範から一歩踏み出した新しい時代の女性の育成を目指す、山脇女学校の決意を示すものでありました。

最も多かったのは、生徒の意識やライフスタイルの変化にあわせ、ゆるやかに対応した学校でしょう。

東京女高師附属高女の場合

その代表的な例が東京女子高等師範附属高等女学校です。同校の洋装制服導入は昭和五年（一九三〇）ですから、全国的に見ても遅い方です。同校では袴姿と洋服（私服）の混在時期を経て、洋装制服制定への道をたどりました。（七八〜七九頁の写真参照）

東京近辺の学校には、日常着の洋装化を推し進めたある大きな出来事がありました。それは大正十二年（一九二三）に関東地方を襲った関東大震災です。この体験が、機能的な洋装への関心を高めたといわれています。

東京女高師附属高女では通学服に特別な制限はありませんでしたが、震災後は洋服着用者が増加して、通学服として著しく統一を欠いたため、昭和五年（一九三〇）に標準服五種を制定しました。昭和七年（一九三二）にそのうち二種を選んで制服としています。

ところで、東京女高師附属高女といえば有名なのが〈校章付ベルト〉です。明治三十九年（一九〇六）に制定されて以来、同校のシンボルとして愛用されてきました。

天下の東京女高師附属高女の校章付ベルトは地方の女学生の憧れもかきたて、真似をする学校が続出しました。今では廃れてしまった女学生風俗ですが、校章付ベルトをセーラー服やブレザーの上から締めることは、女学生としてのプライドを誇示するものであったようです。

全国のセーラー服化

制服が洋装化してゆく過渡期にある大正末〜昭和初期には、ひとくちに洋装制服といってもワンピース型、ブレザー型、チュニック型など、さまざまなバリエーションがありました。

しかし、そのうちセーラー服の人気だけが突出し、昭和五年（一九三〇）頃になると全国的にセーラー服が定着しました。どの学校もセーラー服が制服となると、他校との差異化を図るためラインやリボンに各学校の工夫がこらされるようになりました。

東京女学生服装さまざま

服《ふく》装《さう》さまざま

東《とう》京《きやう》高《かう》女《ぢよ》↓

山《やま》脇《わき》高《かう》女《ぢよ》↑

佛《ふつ》英《えい》和《わ》高《かう》女《ぢよ》↓

←川《かは》村《むら》女《ぢよ》學《がく》院《ゐん》

『少女倶楽部』昭和8年5月号より

有名女学校だより

山の上のスクールより

東神奈川の山手《やまのて》に立てられた、ホワイトハウスを皆様御存知でしょう。この校こそ私共の学び舎ですの。清い讃美歌と祈禱と親切な先生方によってはぐくまれて行く私共は幸福ですの。クラスの方々は中々《なかなか》皆様茶目《ちゃめ》で居らっしゃいますわ。中でもオペラシックにかかってメートルを上げて居らっしゃるT様にY様、お二人共美しい声の持主で居らっしゃいますの。そういう私もお仲間ですが……オホホホホ。テニスのチャンのK様にN様、詩や歌のお上手なN様にI様、みな素的な方ですの。英語のN先生は皆様の羨望の的で、ノーブルなスタイルはどなたでもチャームされてしまいますの。近頃大分ダンス熱が上ってそれはそれは大変ですの。自習時間には皆様お教室を舞踏場と心得、T様Y様御指導のもとに、ドタンバタン大騒ぎ。とても面白いんですの。（神奈川高女　捜真女）（『少女画報』大正12年5月号より）

現れたる怪物

ふと目をあげて教室の隅の上の方に明いている穴を見つめました。丁度英語の時間でした。ミスHは得意の美しい発音振りを見せていらっしゃる。それが子守歌の様に聞こえて、とろとろしちまって眠くなりました。するとその穴から黒い物が出て来ました。まあ！　鼠じゃありませんか。まだ誰も知らない様子です。彼はだんだん下方に向って進行して来ました。ようやく皆気がついてワーッと計《ばか》りに総立ちになりました。するとチュウ公、びっくりしたらしく、机の列の間をかけ廻りました。そして長袖を召していらしたKさんの袖の中に飛びこんで背中にはいった様《よう》です。Kさんは、青くなり乍《なが》ら「ヒャーッ。助けて！」悲鳴を上げる。皆は笑い且つ驚くというので大変な騒ぎでした。とうとうKさんは外に出て着物を脱いだとか脱がないとかいう事でした。その時の有様を皆様にお見せしたい様です。（神戸高女　どんぐり）（『少女画報』大正12年5月号より）

有名揃いの級《クラス》から

私のクラス。それは有名な方が沢山《たくさん》いらっしゃるのよ。先ず四呎《フイート》三吋《インチ》のレコードホルダーのM様。日本一で有名。次にランナーのY様、茶目の方でも有名。茶目の大将のT様H様S様達は自習の時間には大もてで、T様なければH様たたずH様なければS様困るというなくてはならぬ茶目子様達。大声のO様も亦有名で、大阪中のスクールへ大声で通っていらっしゃるとか。その次は未来の雄弁家で大の読書家として名高いK様。東都旅行の時、江の島の桟橋からあたりの美しい景色に見惚《みと》れて大きなバスケットをドブン！　以後K様は「江の島のドブン」というありがたい名を戴いていらっしゃるのよ。（大阪市岡高女　美登里）（『少女画報』大正12年5月号より）

運動熱の御紹介

御姉様方、あたしの学校で第一番にお鼻をぴょっこり動かすべきものは運動の盛んな事なの、バック、飛箱、テニス、デッドボールさては近頃流《はや》り出したこま廻しなんか何でも御座いですの。テニスマッチにも優勝したんですの。それはいいが「第一はいかんばい、女《おなご》はあぎゃんおてんばにしちゃでけん」等と父兄側から批難される事も度々ですが私達は知らぬが仏よ、中就《なかんずく》 三年生はおてんばでリレーでも一等ですの。……ああ忘れましたわ、先日ね、兎狩りもしたの、でも獲物なしで帰って来ましたわ。（熊本第一高女　スノウドロップ）（『少女画報』大正12年5月号より）

大名屋敷より

お堀ばたに一見大名屋敷の校舎の中にもかびのお生えになった先生方ばかりではありませんの。ですからすてきな先生を一寸《ちよつと》御紹介しますわ。先ず英語のK先生、すらっとしたお背、真白なお顔にすごいまでに正しく引かれた眉、一寸いじわるで皮肉で恐いけれどやはり崇拝の方が少くないのでございます。化学、数学のK先生、私の大好きな大好きな、あの先生の為なら硫酸の中にでも飛び込みますわ。……（東京三輪田高女　京子）（『少女画報』昭和12年7月号より）

女学生言葉エトセトラ

昭和初期の女学生たちに流行していた言葉を、
『少女画報』昭和3年10月号の記事から一部ピックアップしました。
（用語の選択に関しては、当時女学生だった方々にご協力いただきました。）
意外なことですが、現代の私たちには女性的で柔らかな表現と感じられる、
「〜てよ」「〜だわ」という言い方は、「てよだわ言葉」といわれ、
お転婆な少女が使う言葉だったそうです。
また、手紙の末尾に記す「さよなら」を「小夜奈良」と書くのも流行したそうです。
これは宝塚スターの小夜福子と奈良美也子の名からとったもので、
宝塚ファンのしるしでした。

松本かつぢ（出典不明）紙・墨・インク　昭和初期

ああらわがきみ——身分にふさわしくない遊ばせ言葉をつかって上品ぶる人をひやかして言う

アナウンサー——ラジオのアナウンサーからきた言葉、何でも人に告げ口をして歩く人の事。「あのアナウンサーにも困っちゃうわ」

青瓢箪——顔色の青い人を指して言う

あんぽんたん——反魂丹《はんこんたん》という薬の名をもじって、間の抜けた人や薄のろを指して言う

インハラベービー——お腹の大きな人。最近成女高等女学校から出て各女学校に流行している

イカモノ——いい加減なもの、あやしげなものという意味

イシンデンシン——以心伝心、口では言えず心で心に伝えるということ、転じて自由結婚の事を言う

イミシン——意味深長の略語。「見ちゃいやよ、イミシンなんだから」

一対——夫婦のこと。または愛人同志、ふたり仲良く揃って歩くのを指して言う

閻魔帖《えんまちょう》——先生の採点表のこと

おかっぱ——短く綺麗に頭髪を切り揃えた頭。河童が水から上がった時のようだから

オジャン——女子学習院の生徒は鐘が鳴ると『『オジャン』で御座ります」と言う。これは学習院のみの特有語だったが震災後一般に流行している

おちゃっぴい——蓮っ葉な生意気な少女

おもくろい——面白いということを滑稽に言う。「おもくろいわ。もう一度やってよ」

おんぼろさんぼろ——やぶれた着物、きたない着物

カメレオン——熱帯地方に産する動物。一種の保護色作用で居所によって体の色が変るので心変りの烈しい人の事に言う。「駄目よ。あの人カメレオンなんだから」

がらがら——開けっ放しに飾り気なく物を言う事。「がらがらした気持ちのいい人ね」

鬼門——いやな学課の事。鬼門の本来の意味は悪い方角。「今度の時間

は私の鬼門よ」

金時の火事見舞い——赤い顔の形容。金時《きんとき》の赤い顔が火事見舞でもっと赤くなったと言う意味。「その顔はどうしたの全《まる》で金時の火事見舞いよ」

食い辛棒——程度を越して沢山ものを食う人の事。「随分食い辛棒ね、あきれちゃうわ」

幻滅の悲哀——切角期待した事が実際に会って打ち壊されて仕舞った時の悲哀。「矢っ張り駄目だったの、幻滅の悲哀だわ」

ゲル——お金の事。独逸《ドイツ》語のGeldから来たもの

極彩色——厚化粧の事。極彩色の絵は絵具をゴテゴテ盛り上げるから

こじれる——曲ったりねじれたりして元通りにならない事。またすねる事にも言う。「あの人もうすっかりこじれちゃってよ」

コンマ以下——頭の足りない人の事、力の足りない人のこと

ざくばら——ざっくばらんの略語で女学生間では此方《このほう》を用いて居る。「ざくばらに話してよ」など言う

サイノロジー——奥さんに甘い人の事

サンドウィッチ——三角関係の中心人物又は三角関係の事

少納言——文才をいやに鼻にかける人のこと

シャン——美しい人の事。独逸《ドイツ》語のSchönから来た言葉

シャッポ——あてがはずれた、駄目だったと言う意味。また出来なかったから傍の人にあやまる気持ちで「しゃっぽだわ」と言う。あやまる時には帽子をとるから

すこシャン——頗《すこぶ》る美しい人。美人

すこぶるつき——並はずれて居る事。「すこぶるつきの美人だわ」

すずめ——よくお喋りする人の事

スタイルシャン——姿のいい人、スタイルの美しい人の事

ズベ公——不良少女の事

センチ——悲観すること、悲しむこと。ふさぐ事。「そんなにセンチになっては駄目よ」

千いち——うそつきの事。本当の事は千に一つもないという意味

たなおろし——人の悪口を言うこと。「またたなおろしが始まったのね」

ダンチ——段違いの略語。「私止すわ、とてもダンチだから」

チャームさん——魅力ある人のこと

チョンガー——独身の先生の事

ちゃんちゃらおかしい——問題にするに足りない、相手にもならないという意味

つんつるてん——着物の裾などの短い様の形容。「あらみっともない、つんつるてんよ」

テクシー——乗物に乗らずに歩く事。タクシーをもじったもの

でこでこ——山盛りに盛り上げること、また無闇《むやみ》におしゃれする意味

どてシャン——みっともない女の人

ドロップ——落第する事。野球では一種のカーブに言う

とんがらかる——物の先の鋭くとがった様を言う。又プリプリ怒って居る様をも言う

松本かつぢ（出典不明）紙・墨・インク　昭和初期

松本かつぢ（出典不明）紙・墨・インク　昭和初期

とんきょう——間の抜けた顔や気狂いじみた声などを言う。「いやだ、とんきょうな声を出して」

どんたく——日曜日の事

ドタ靴——悪くなった靴、その他悪くなって使用にたえないものをドタ××という

とんちき——のろまな事、間抜けな事。「余っ程とんちきね」

虎の巻——秘伝、参考書

なま——生意気、または生意気な人。「じゃやって御覧なさいよ、出来もしないでナマ言ってるわ」

ニヤリスト——にやけ男、にやけた感じの悪い人の事

ヌーボー——とりとめのない性質の人、又馬鹿でないけれどボンヤリした人の事。「ヌーボー式」とも言う

のべたら——絶え間なく、始終という意味。のべつ幕なしとも言う

蓮《はす》っ葉《ぱ》——お転婆なこと、蓮葉女から出た言葉。「随分蓮っ葉な人だわ」

ピカ一——学校で最も評判の高い人を言う。一枚看板という意味。花札のピカ一から来たもの

札付——誰でも知って居る不良の事

ペット——英語、愛するもの、愛人。転じて先生に可愛がられる生徒の事

べんべんだらり——物事のきまりをつけず、ぐずぐずしている事を言う

ぽつねん——孤独な有様を言う。「そんなとこでポツネンと何してるのよ」

まぜっかえす——人がものを言っているときに横合から嘲笑する様な事を言って邪魔をする事。「黙ってらっしゃい、まぜっかえしちゃいや」

満艦飾——祝日などに軍艦を飾ること、そのように着飾った女の人の事

まだるっこい——はかばかしく無く見て居られない事に言う。「なんてまだるっこい電車でしょう」

メートル——気炎をあげる事を縮めて言う

モガ——モダンガールの略語。転じていやに生やさしい女のようなにやけた男を言う

モダーンガール——新時代の女、洋装断髪の女をも言う

モーション——好きなお友達へ熱愛を示す人を笑って「あの方××さんにモーションよ」と云う

モチモチ——勿論《もちろん》と言う事を滑稽に言う

モボ——ハイカラな青年

与太——冗談、馬鹿、のろまの意味。「よたもの」など言う。また与太をいう人、やくざな人、不真面目な人

よたる——与太をいう事、冗談話をする事、ふざけること

ヨタリスト——口から出まかせを言う人の事

ろくずっぽう——碌々の意味。「まだろくずっぽうしてないわ」

（「現代東京　女学校新流行語集」より
『少女画報』昭和三年十月号）

がんばれ！スポーツ少女

何とはつらつとした女学生たちでしょう。着物を着てしとやかにしていた時代は終わりました。この時代は、諸外国に負けない強い日本国民育成のため、女学生の体育教育が推奨されていたのです。ちなみに昭和五年（一九三〇）の一七歳女子の平均身長は一五〇・七センチ、平均体重は四八・一キロでした。

（東京）女高師のグランドで開かれた、関東女子排球選手権大会でのひとこま。『少女の友』昭和10年7月号より

（東京）府立第二高女の面々。学校対抗の競技会もさかんに開かれた。『令女界』昭和3年1月号より

オリンピックをめざす飛び込みの選手。
『少女の友』昭和10年7月号より

横木による屈臂懸垂。『少女倶楽部』昭和8年8月号より

ワンド体操と縄跳。
『少女倶楽部』昭和8年8月号より

肋木の上で平均運動。『少女倶楽部』昭和8年8月号より

山脇高等女学校にて。
今では考えられないが、
制服のワンピースは
充分活動着だった。
『少女の友』昭和4年6月号より

女学校時代の思い出　古賀三枝子

女学校のこと

私は横浜のフェリス女学院に通っていました。アメリカ人が建てたプロテスタントの学校でね。毎朝三十分、全校生徒が講堂に集まって礼拝をしました。講堂の正面にはイエス・キリストが羊を連れている大きなステンドグラスがありました。これはアメリカから送られたものだそうです。

六歳年上の姉の時代は六年制で、先生も外国人で教科書も向こうのものを使っていたのよ。だから姉は英語がペラペラ。私が入学した昭和三年（一九二八）には、文部省の認可を受けて五年制の女学校になっていたけど、英語の教科書はやはりアメリカのものを使いました。でも、先生は日本の方《かた》が多くなりました。だから、私は英語がダメでね。

なぜフェリスに入学したかって？　それは母の意向だったみたいね。父は貿易商でしたから、家を空けることが多かったので、子どもを教育のしっかりした学校にやりたかったのね。それと、母の母親、つまり私のおばあ様がクリスチャンだったことも影響しているみたいよ。

入学した頃

姉とは入れ違いだったの。私が入学した年に卒業したので、少し心細かったの。でも、一級上に優しくして下さる方がいてね。ある日、靴箱の中にお手紙が入っていたのよ。そこには「お姉さまが卒業されて心細いでしょうけれど、これから学校では私がお姉さんがわりになって、わからないことや心配なことがあったらご相談にのるので安心してね。」と書い

憧れの人のおもかげ
高畠華宵「朝顔」『少女画報』昭和3年7月号表紙　印刷

てあって。それで急に私らしい元気な子になりました。

彼女は喜久代さんといって、日本画家の下村観山《しもむらかんざん》先生のお嬢様です。観山先生のお子さま方とは、私幼馴染みなの。弟の弘さんと本牧小学校でずっと同じ組だったから。当時はなぜか〈男子組〉、〈男女組〉、〈女子組〉と分かれていたのだけど、私は〈男女組〉でね。(私がおてんばなのは〈男女組〉だった影響かもしれないわね。)それから父が観山先生の画室によく伺っていたので、父に連れられてお宅に出入りしていたの。だから、喜久代さんとも知っている間柄だったのよね。

川喜多かしこさんのこと

三年に進級した時、転校してきた竹内富貴子さんを先生から紹介された時は驚いたのよ。彼女は私が小さい時通っていた早苗幼稚園でいつも一緒に讃美歌を歌い、お祈りをしたり遊んでいたのよ。彼女は三人姉妹で上のお姉さんが竹内かしこさん、次が鎌子さんで、お二人ともフェリスだったの。かしこさんは、フェリスでは伝説的な秀才でね。卒業後、川喜多長政氏とご結婚して川喜多姓になり、長政氏とともに東亜映画社をお作りになり、フランスから「制服の処女」を輸入した有名な方よ。

憧れの人

好きな人? いたわよ。その方は二級上の綺麗な人でね。襟足を刈り上げて、横髪がシュッとなっててね。そうそう、華宵先生のあの絵(右頁)にそっくりだったの。ピアノがとっても上手で、音楽のミス・ブースについて特別に習っていたのよ。

さっきもお話ししたステンドグラスのある講堂の、壇上にグランドピアノがあってね。特別許可があったのかしら、彼女は放課後、よくショパンを弾いていたわ。

私はお掃除当番の時やなんか、ちょっと講堂を覗いて、隅っこの席に座って聴いてたの。

そしたら、彼女もそんな私の姿に気づいたみたいで、ある時、私に話しかけてくれたの。「あなたピアノ好きなの?」って。

幸運にも、彼女のお姉さまと私の姉とが同級生だったことがわかり、それからは親しくさせていただいたわ。

でもね、だめだったわ。彼女にはお相手がいたのよ。その方もピアノがお上手でね。割り込む隙がなかったわ。

手紙のやりとり

私の女学生時代はね、とにかく手紙のやりとりがさかんだったわ。学校で毎日顔を合わせるんだけど、それとは別に、お手紙のやりとりをするのよ。

大事なお手紙ですからね。便箋や封筒にはそりゃあ凝るわよ。華宵先生やまさを先生の素敵なレターセットがあってね。東京だと伊東屋、横浜だと有隣堂や文寿堂で買ってくるのよ。京都のさくらい屋のものも集めていたわ。

家に帰って勉強してから、お手紙を書くの。そして、翌朝相手の靴箱に入れておくのよ。

靴箱がポストに

お手紙は必ず靴箱に入れておくの。だ

華宵が古賀のために描いた作品。
華宵の絶筆　昭和40年　紙・水彩

って、手紙を手渡しているところを見られたくないじゃない？　冷やかされるもの。おおっぴらにはやらずに、皆、こっそり意中の人の靴箱に入れておくのよ。私も、靴箱をあける時楽しみだったわ。
　でも、誰と誰とが特別親しいっていうのは、自然とわかっちゃうのよね。フェリスでは教科ごとに生徒が教室を移動するのよ。廊下で他のクラスの人たちとすれ違うでしょ。そんな時の振る舞いでピンときちゃうのよね。
　エス同士はもちろん、クラスメート同士でもお手紙のやりとりをしたわ。毎日教室でおしゃべりしているのに不思議よね。でも、今の若い子の携帯メールも同じじゃないかしら？
　クリスマスの時なんかは、プレゼント交換もしました。ブックエンドやインクスタンドやハンカチやリボン、そんな物を仲良しグループで贈り合うんだけど、絶対に直接渡さないの。朝、それぞれの靴箱に入れておくのよ。でも、教室内では知らんぷり。今から考えるとおかしいわよね。

卒業後の進路

　卒業後は、花嫁修業をする人が多かったわね。なかには医学校や女子美術学校やドレスメーカーに進学する人もいたけれど。フェリスの高等部に入った方も何人かいたわね。

　そうそう、ボストンに留学した人もいたわ。礼子さんといってね。勉強でもトップだったけれど、バスケットボールの得意な活発な方だったわ。今だから話せるエピソードだけれど、礼子さんは在学中に、何と北大路《きたおおじ》魯山人《ろさんじん》から求婚されちゃったのよ。でも、魯山人って素行に問題があったでしょ。礼子さんのお父様は魯山人と会員制の超一流料亭「星ヶ丘茶寮」を共同経営しておられたから、困ってしまってねぇ。カドをたてずにお断りするには、留学しかないってね。卒業後すぐにボストンの体育学校に留学しちゃったのよ。

　フェリス時代のクラスメートとは今でも仲良くしています。最近、礼子さんにかわってクラス委員を務めてくれないかって頼まれて、困っちゃってるのよ。でも、クラス委員がいないとクラス会ができないしね。（笑）（二〇〇五年一月談）

こが・みえこ
大正４年（1915）年、横浜市生まれ。生糸貿易商の父親が高畠華宵の兄亀太郎氏の製糸工場と長い取引があったことから、フェリス女学院在学中に華宵に初めて出会う。以後たびたび訪ね交流を深めた。古賀氏は、女性を寄せつけなかった華宵がアトリエに出入りを許した唯一の女性である。前・弥生美術館館長。平成25年没。享年98。

Part 6 乙女の悩み相談

雑誌の巻末には読者からの投稿を載せるページがありました。『少女画報』や『令女界』では、通信欄的なページとは別に、身の上相談や美容相談にも力をいれていました。ここではそうした乙女の悩みの数々を、雑誌に掲載されていた広告記事と一緒にご覧いただきます。時代を経ても変わらぬ悩みもあれば、時代性を反映した悩みもあります。（幸運を呼ぶ指輪ややせる薬など、昭和の初めからあったのですね！）

松本かつぢ「初占ひ」『少女の友』昭和11年1月号口絵　印刷

身の上相談

友達関係、エス、恋愛、将来の進路……。今ならくすっと笑ってしまうような突拍子もない悩みも少なくありませんが、あれこれと悩む姿はいじらしく、一生懸命さが伝わってきます。とくに恋愛に関しては切実さが現れています。女学生の男女交際はタブー視され、男子と並んで歩いているだけで〈不良〉のレッテルを貼られた時代ですから、相談できる相手も限られていたのでしょう。回答者の答えには時代性が現れています。

かの君の心は……

自由に話し得ざる悩み

【問】私は女学校の三年生です。私はSさんを誰よりも愛し、且《か》つ信じて居ります。Sさんも亦《また》私を愛して居ります。

　けれど二人は心から打ちとけることが出来ず、何か二人の間には大きなこだわりがあります。他の人達と一緒に話をしている時には、二人は本当に元気に快活に、他の方達に負けずおしゃべりをするのですが、二人だけになると全く別人のようになってしまいます。Sさんと私とは三年の始業式以来クラスが変ってしまって、今では学校の廊下、下駄箱の所で出逢うくらいなもので、運がよくなければ滅多に逢うことも出来ません。私は組が変った当座というもの、淋しくて夜、床につきましても泣いてばかりいた位でした。

　夏休み、冬休み、試験休み等、お休みになると私はすぐ手紙を出します。手紙だといろいろ思うことがすらすらと書けます。又Sさんもお手紙には打ちとけたことを沢山《たくさん》書いて、そのお手紙の中に、

『どうしてこんなに私は貴女《あなた》の前に出るとかたくなってしまうのでしょう。これからはお互いに遠慮しないことにしましょう。』

　と書いてよこされたことがあります。私もそう思って、随分気をつけましたが、やっぱり駄目です。……

　どうぞ先生、私達二人が、心から打ちとけあって語ることが出来るようにして下さいませ。（東京　弱き少女）

【答】全くそうして差し上げたいですね。

　とにかく、お二人が充分打ちとけあって話が出来ないのは、あまり二人が愛し合いすぎていらっしゃるからでしょう。そのための羞恥からでしょう。

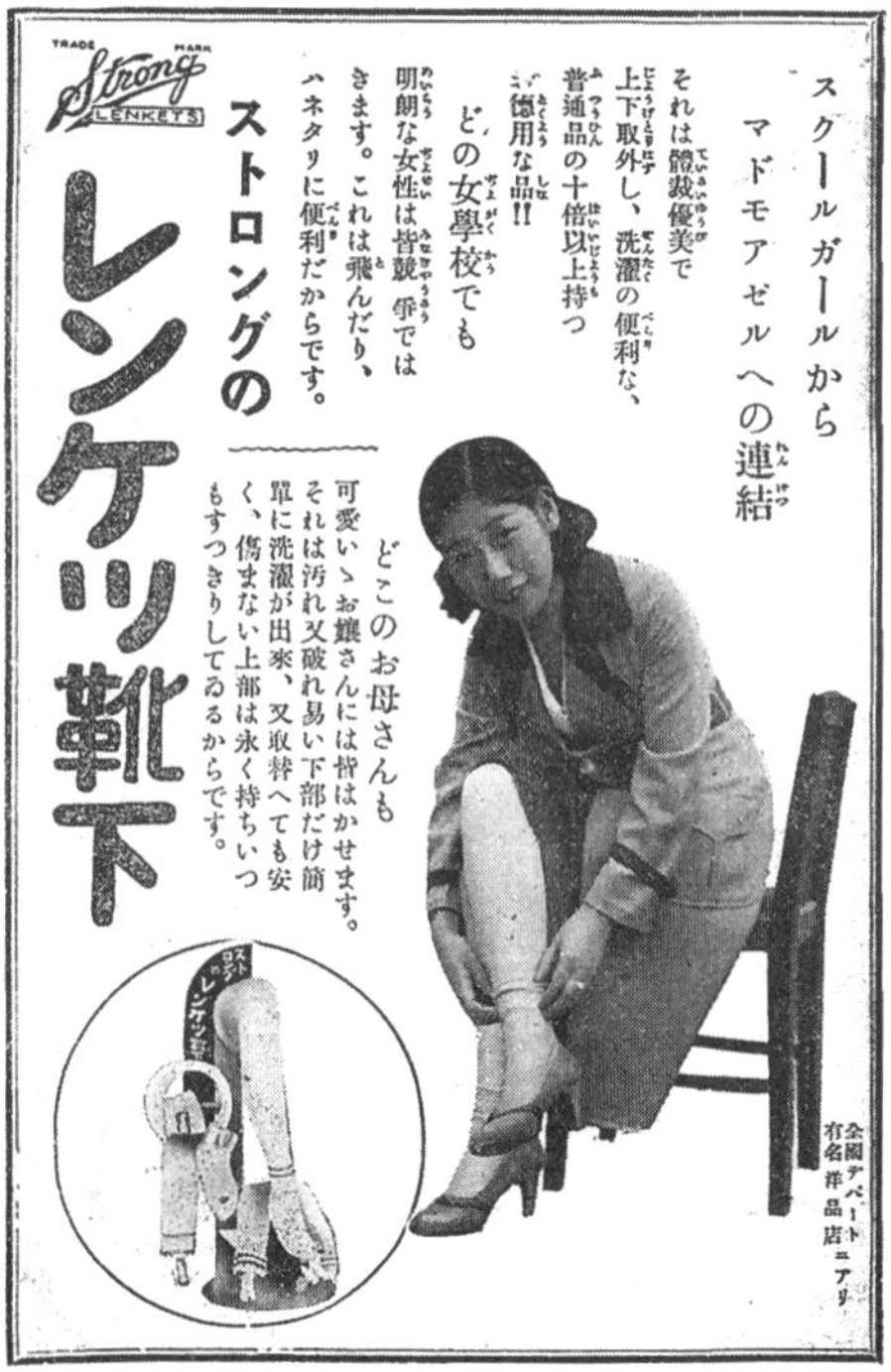

ですからあなたの方からその羞恥をぶち破って、勇敢に、どんどん話しかけるべきでしょう。そうすれば相手の人も自然打ちとけて話をするようになります。

共通の趣味をつくって、どんどん勇敢に話しかけるようにすれば、いくらでも打ちとけて話ができるようになります。そうではありますまいか。（『少女画報』昭和三年七月号）

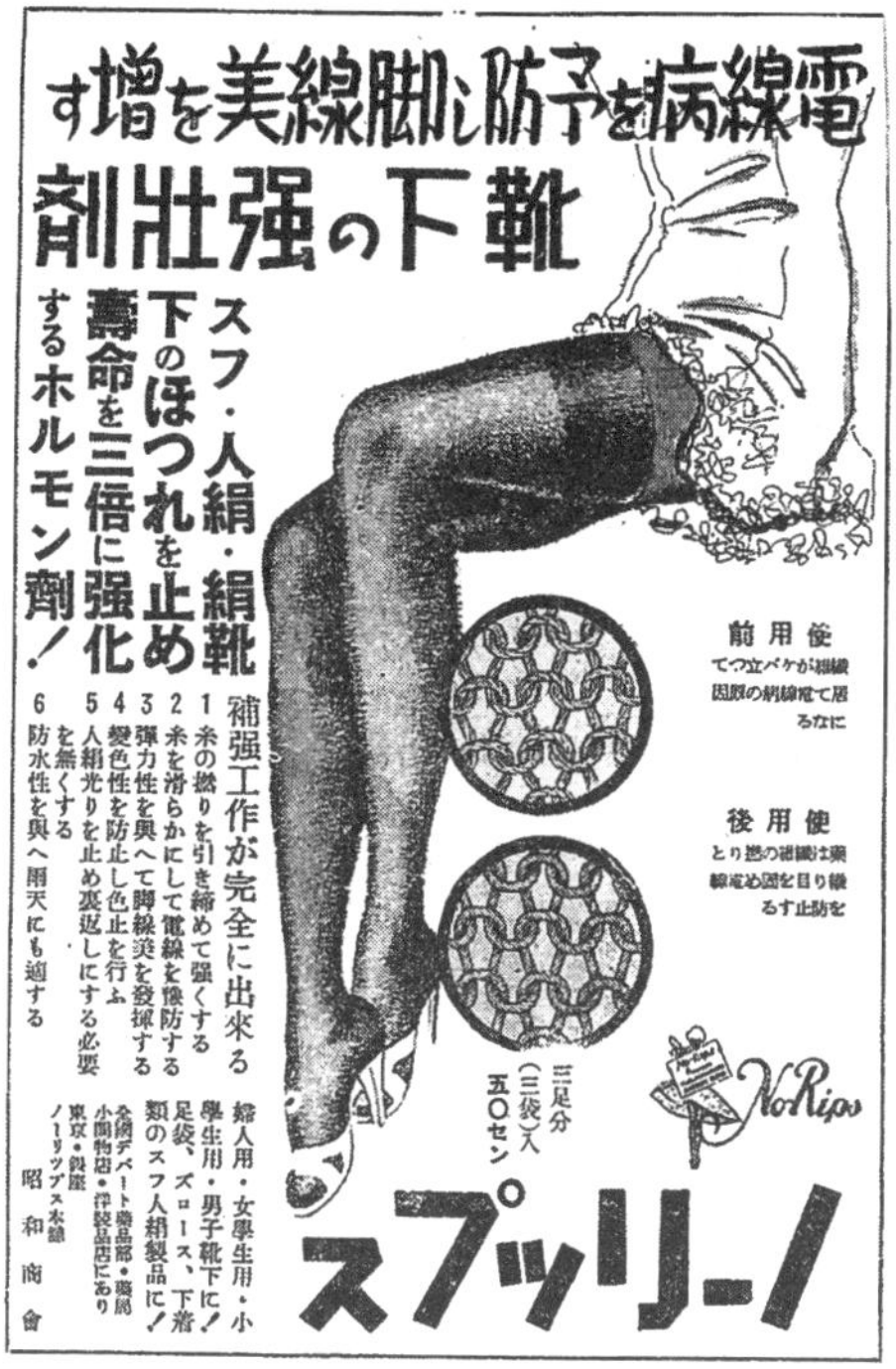

美《うる》わしの君に悩む

[問] 先生。どうぞこの哀れな私を救って下さいませ。

私は女学校三年の、悩みに泣くあわれな子でございます。

私の教室の五番目が私、四番目が私の慕うM様でございます。

M様！ M様！ その名をおよびしただけでも私の心は狂いそうでございます。

でも、私のあこがれのM様は、この悲しい私の悩みなどは御存知なく、ただ天使のようなほほえみと、黒水晶のような瞳と、白い頬に可愛くへこむえくぼとで、私の心をひきつけていらっしゃいます。

私がM様のために悩むようになったのは、あの桜の花のひらひらと散る校庭で、藤村《とうそん》詩集を手にしてじっと物思いにふけられる絵のような美しいシーンに出あってからでした。

それからというもの、私の心は苦しい悩みで乱れてまいりました。

私の悩みはつのるばかりです。M様の姿が眼にうつると、心がざわめき乱れてまともに見ることも出来ないのです。

だのに、だのに、M様はもとより私の心など御存知のはずがなく、ただ愉快そうに、笑って、芝生の上を胡蝶《こちょう》のように、天使のように飛びまわって居られます。

ああ、神様、もし神様があるならば、一時間でもよいから親しく話させて下さればいいのに。

半年の月日は夢のように過ぎました。だのに私の悩みはつのるばかりです。

この思いを、せめて手紙でなりとお知らせしようと、熱い涙とともに筆を走らせたけれども、あんな無邪気な方にこんな悩みを打ち明けるのは……いけないいけない……やっぱり私一人で思い悩もうと考えなおしては、生命とも思う手紙を引き裂いて、火に投げいれたのは幾度だったでしょう。指折りかぞえるだに涙のたねでございます。

熱い思いの涙の手紙は煙となって消えましたが、私の胸のうちの火はえんえんと燃え上がるばかりでございます。

先生、どうぞ、M様と私がお友達になれますよう、親しくお話ができますよう、お教え下さいませ。（悩む黒百合）

[答] 先ず《ま》、窓をあけなさい。すこし、あなたの心を冷ましなさい。

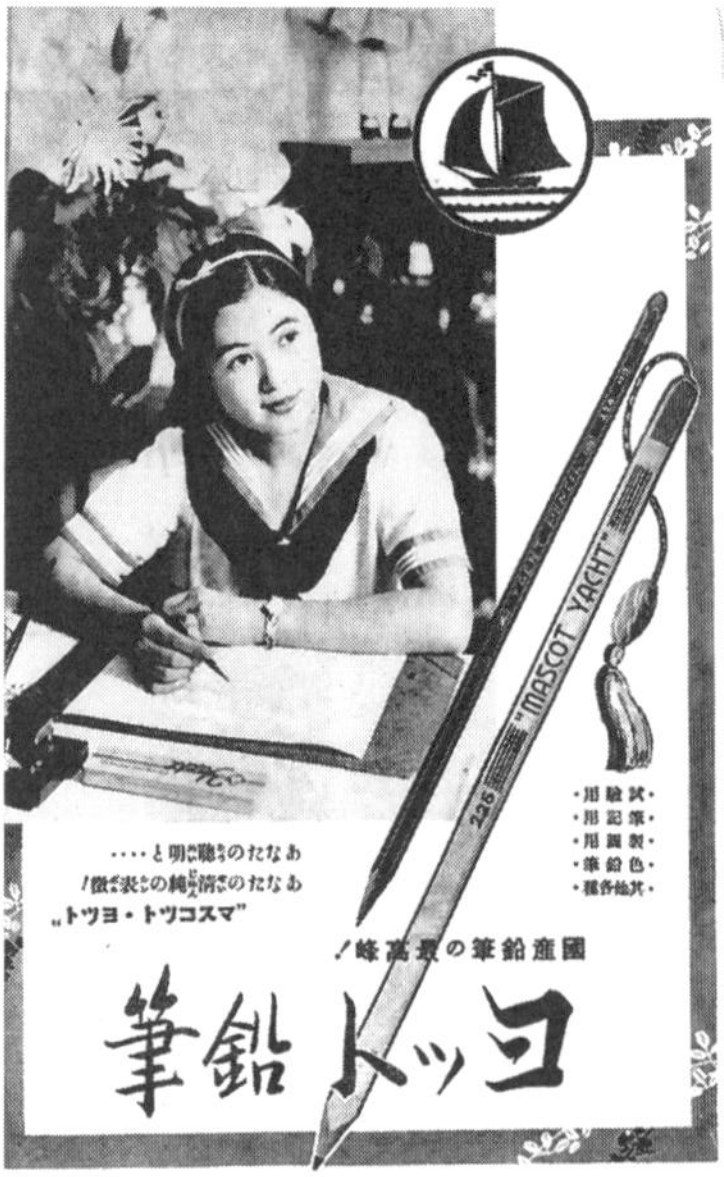

そして、平和な、冷静な心持でMさんと話しなさい。そうすればきっとMさんと親しい友になれるでしょう。毎日同じ教室で、しかも自分の前にいるのですから、平和な、やさしい、親切な、そして快活な心持で、しつこくなくあっさりと、Mさんのすきなことをときどき話すようにすれば、Mさんはあなたをいい人だと思い、あなたと親しくならずにはいられないでしょう。そうしたら静かなやわらかい心でつきあって行くことです。

あなたのその、燃え上がった熱っぽい心で接しては、Mさんは決してあなたに心やすくならないでしょう。

静かな、やさしい心こそすべてのものを得る鍵です。（『少女画報』昭和三年九月号）

Sさまは私を愛しているのでしょうか

【問】 私は上級のSさまを大変愛して居ります。

Sさまにはたった一人の親友がございます。

Sさまは、その方がいらっしゃる時には普通の話をなさいますのに、その方がいらっしゃらない時には私にいろいろいたわりの言葉をかけて下さいます。

また私達の所へ来てお話をなさる時には、色々お話をなさりながらも、顔や視線は私の方を向いて居るのでございます。

私はなんのために、親友のいらっしゃらない時ばかり私に言葉をかけて下さるのか、また盛《さかん》に視線が向くのか分りません。

私がまだSさまを知らなかった頃からSさまにはすてきな方がございました。

Sさまはその方とは平気で親友の前で話をしたり、からかったりなさいました。私にばかりなぜそうなさるのでしょうか。Sさまは私を愛しているのでしょうか。（逸名《いつめい》）

【答】 親友に気がねをしている位ですから、Sさんは残念ながらあなたを愛しては居りません。

ただほかの知らない人よりは注意している位の程度でしょう。あなたをほんとうに愛しているのなら前の人のようにSさんの前でも平気であなたと親しくする筈です。そしてSさんの親友に対する親しさはこの前よりずっと進んでいると見るべきでしょう。

あの人は私を愛しているのだろうか、と、自分に好意を持っているのだろうかと思うことは、やがて大きな失望につきあたる原因になるものです。

世の中には愛想のいい人が多い。ですからこの人は自分に特別の好意を持っていると早合点することは大の禁物です。（『少女画報』昭和三年九月号）

男女交際

せっぷんとは

【問】 私は今年十七の少女です、一昨年或事《あること》からCという男と知合《しりあい》になりました。一ヶ月後二人は兄妹の約束をしました。そして十以上も違うCをお兄様と呼んで随分甘えていました。処《ところ》が去年の秋ふいに私の唇を奪いました。びっくりした私を抱き乍《なが》ら、彼は、僕は変な意味でするのではない、お母さんが赤ちゃんに対して可愛くてするように、お前が可愛いからだと申します。私も成程《なるほど》と思いましたが、或人からせっぷんは恋人同志の、愛のしるしだと聞きました。如何《いかが》なものでしょうか。心配でなりません。（静子）

[答] ……男女のキッスが愛のちかいであるという事が常識である以上、あなたが彼のなすがままに唇を許しているという事はつまりは男の愛をうけ容れたという事に解釈せられるのです。兄だとか妹だとかいう事が、既《すで》に未婚の男女の間には許されない事でなければなりません。よく兄とか妹とかいう交際をつづけている男女がありますが、それはやがて越えてはならない垣を越える道程にあることは多くの例にみるところです。……

キッスなんかということは第一衛生的によくありません、そのために結核《けっかく》が感染したりその他の病気がうつったりすることは随分多いことです。

たとえ婚約者の間でもあんな非衛生的な事はやってはならないと思います。活動写真やその他に影響された外国人の悪風などまねるのは猿真《さるま》似《ね》にも等しい愚《おろか》な事です。断然おやめになることをおすすめします。

（『令女界』昭和九年四号）

夢うつつに

[問] 私は十五歳の少女です。昨年九月、ちょっとした機会にSという当時十六歳の中学生を知りました。その翌日から、Sは毎日私の家の前を通るようになり、そのうち私もSに思慕の情を抱くようになりました。

そして一度口をきいたことがきっかけとなって二人は夢うつつ、毎日毎日遊んだり海岸や山を歩き回り、通学の時までも常に一緒になるようになってしまいました。

ところが私は、彼に五六遍抱かれてしまったのです。不意であったとはいえ、私の気の弱さからSのなすがままにさせてしまったことを後悔しています。

先生、抱かれると妊娠するものでしょうか、もし妊娠していたらどうするのが良いのでしょう。

三週間ほど前に来た義母にはとても打明ける勇気がありません。毎日悩んでいます。どうぞよき御教示を、お願いいたします。（美秋）

[答] 妊娠なんかという心配は今の

ところ毛頭ありませんが、心配なことはあなた方二人の気持です。十五、十六なんていえばほんの少女、肩上げのとれるかとれないそんな頃から思慕だの愛だのってそんな事を考えていたのではこれから先きが案じられてなりません。

友だちとしての交際の程度なら差支えはない事ですが、しかし未熟の少年少女のそうした友人関係が、時に全く常識はずれな無軌道行為まで進展する例は決して少《すくな》しとしません。ですからこの際二人きっぱりと絶縁してしまうのが一番です。今はただ懸命な勉強、ただこれあるのみです。(『令女界』昭和十一年七月号)

悪友に誘われて

[問] 私は今年女学校の四年生です。三年の始めあたりまでは大変真面目でしたが、夏休近くに、クラスメートに四年生を紹介されて、アメンドインになりました。その人は有名な不良です。にもかかわらず、意志の弱さに、その人と離れることが出来ず、そのうちに種々の異性の友達を紹介されました。中でも私と心持のよく合うTという人と段々変な関係になりました。彼は不良らしくもなくおとなしい人でした。……或日、彼の下宿に遊びに行きました。種々の話をしているうちに彼は私の手を握り、体を段々接近させて来て、遂に誇《ほこり》を奪われてしまいました。

それから彼は毎日のようにさそい出して肉体の要求を致しました。私は彼を頼もしく思っていましたので、別に抵抗もしないで、彼の言うままになっていました。学校が始まるようになってからは、そんなに彼の所へ行きませんでしたが、早くも体に異常を覚え、彼は知ってか知らないでか、前のように親しくしてくれませんでした。彼に打明けることも出来ず、両親にも言えずに悩んでいましたが、そのうち、幸か不幸か流産しました。勿論、両親も彼も知りませんでした。彼はその後少しも会ってくれませんでした。

これから先、縁談もあることでしょう、その時、秘密を持ったままで嫁《とつ》いでもよいでしょうか。男は結婚してから、女が処女であるか否かがわかるものでしょうか。どうぞお教え下さい。(悩める女)

[答] この頃の若い女学生のあまりにもふしだらなのに驚かずに居られません。性教育の欠陥か本人の意思の薄弱のためか、何《いず》れにしてもあなたのような重大な誤ちを平気でしでかしているものが、あまりにも多いのには寧《むし》ろあきれさせられます。異性との肉体的交渉の後に来るものは妊娠し、分娩であることはあまりにも明《あきらか》なる生理的現象ではありませんか。不良と知りながらその不良と交りをつづけ、すすんでそのグループの異性に接近し妊娠への道をたどる——それはなんといってもあなたの重大なる過失でありあなた自身の

罪です。「女学生に処女なし」というような考えを多くの人たちに持たれるようになりつつあるのも、あなたのような人が多いからです。出来てしまった事はいたしかたありません。

すべてを父母の前に告白し懺悔《ざんげ》して、その助力を仰いで大至急に善後策を講ずべきであります。……

男が結婚してから処女か非処女かを見わける事が出来るかどうかといって、普通の場合ならなかなか見わけられないかもしれませんが、妊娠して流産までした程のそれほど男性と交渉があったのでしたら、ただちに見わけは出来ないとしてもいつかは発見されることがあるものと考えてよろしいでしょう。しかし今後あなたが前非を悔いて真によき女性としての修養をつまれ一切の不良との交友を清算して善良なる女性となる事が出来ますならば、もちろん過去の罪はつぐなわれることでしょう。（『令女界』昭和八年六月号）

ままならぬもの

【問】 先生、私は女学校四年生で、毎日バスで通学している者ですが、美男子のSという運転手に恋してしまったのです。彼が私のことをどう思っているかわからないことは悲しいけれど、私は機会あらば彼に手紙を渡そうと思って居ります内に、Sは姿を見せなくなってからもう一ヶ月余にもなります。

その間に私は、TというSにも劣らない美男の運転手に、又も恋をしてしまったのです。Tの眼はほんとにすばらしい。けれど私にはTをまともに見たり、話かけたりする勇気がないのです。……

正直言って私は今でもSのことは忘れていませんけれど、Tと結婚できたらどんなに喜しいことでしょう。……（不明）

【答】 Sがとても好き、Tがとてもすき……と新しく見る運転手が皆すきになってしまったんでは、次にはU、V、W、X、Y、Z、と何人も何人も好きな人が出ていよいよ以《もっ》て選択に困ってしまうような事になるでしょう。……まことにこんな相談には全く面くらわずには居られませんが、解答は頗《すこぶ》る簡単明瞭、曰《いわ》く「もう少し、しっかりしなさい。」と、ただこれだけです。……

どちらを――なんていっていることではありません。一日も早くその不真面目さを清算して、大日本帝国女性の真の姿にたちかえってほしいものです。（『令女界』昭和十一年七月号）

恐ろしき手紙

【問】 私は十八の乙女です。許嫁者《いいなずけ》があります。恋しくてなりません。彼も亦《また》私を愛してくれます。そして将来のことをいろいろと話して彼と会う日を楽しみに暮らしていましたが、今月の或日、彼が突然来まして、

一寸《ちょっと》話があると言い一通の手紙を見せました。女の人から彼によこした手紙でした。「私は貴方《あなた》をお見知りしてから七回目です。会う度に貴方の後を何処《どこ》までも追って行きます。貴方はきっと私を知らないでしょう。私は貴方をのろっています。とても愛しているのです。私は蛇《へび》のような女です。きっときっと私のものにしてみせます。貴方に許嫁者のあるのが私には死ぬ程つらいのです」

なんという恐ろしい女でしょう。彼はその女の人を知らないのです。手紙には名前を書いてありません。ラヴレター位なら気にはしないが、余りに恐ろしい手紙なので彼は非常に心配しています。何か良い方法はないでしょうか。彼がその女のものになったら私は生きてはゆけません。（悩めるC子）

【答】これは近代的な恋愛ギャングとでもいう事が出来そうですね。恐らくは不良少女か又は不良少年から来たものでしょう。

恐れることはありませんが、あなたも許嫁者も充分に警戒する事は必要ですね。ほんとのいたずらであるかも知れませんが、しかしまた箸にも棒にもかからない不良少女団などの仕業であるとすればどんないたずらをしないとも限りません。活動写真にかぶれている不良の間には常識で判断出来ないようなことを平気でやってのけるものもありますから充分に気をつけて下さい。……不良団の所為《せい》であるとすれば、どうでしょう、一応警察署の風紀係にその手紙を提供して一切の事情を話した上、警察の方と協力して彼等不良の本拠をつくというようになされては。

ただよくよく考えて見まするにその女というのは、あなたやあなたの許嫁者のごく親しい知り合いの女であって、あなた方の結婚を解消せしめて自分が結婚しようというような浅墓《あさはか》な考えをもっての芝居であるかもしれないという事も、一度よく調べて見てください。……それから一つ、ひょっとするとその手紙はあなたの許嫁者が、何か考えるところあっての芝居かとも思われますが、何れにしても許嫁者の誠意如何《いかん》を密に監視して見る必要はあるでしょう。そうすれば自《おのずか》ら事件の真相もわかって来るような気もします。（『令女界』昭和九年二月号）

境遇

病弱な孤児ゆえ

【問】私は十七歳の孤児です。今伯父の家で世話になっていますが、病気で学校は休学しております。

伯父には三人の息子があり、次男のTはこの頃私に妙なことを要求してくるのです。私はそれに悩まされて伯父に打明けようと思うのですけれど、伯父は横浜の妾《めかけ》の所に行ききりで、ごく稀にしか帰らないようです。

伯母は数年前に亡くなり、私と仲善しの三男のKは×校に入り、長男のHは相当の与太者《よたもの》らしく、始終留守勝《がち》で、たまに帰れば嫌がる私を抱擁したり接吻したりしてからかい、

TとHとはまるで私をおもちゃにしているのです。

物質的にはあり余るほどの家ではありますけど、精神的にこんな堕落《だらく》した屈辱の家にはもう一日も居たくありません。がそう思うものですが、肺の悪い私はともすればその決心もにぶるのです。……

私の道をどうぞお教え下さいませ。お願いです。（孤児）

【答】友人もなく親類も他になくて、ただ一人の伯父の家に病を得て厄介になっているというあなたの境遇には心から同情されます。特に二人の従兄から虎狼《ころう》のように迫られているという現状はあなたにとってはとても大変な危急の場合、これはどうしても早く、その危急よりのがれるの工夫をしなければなりませんが、力とする伯父が妾の家に入りびたっているというのでこれはとてもあまり頼りにするわけには参りますまい。

しかしあなたにとっては一人の伯父、所詮はこの伯父の力に頼る他ないと思います。……

……伯父もKもあなたの危急を救ってくれないという最後の場合は休学していても学校の先生に窮状を訴えて、先生から伯父に話してもらうなり、または警察の人事相談に頼んでもらうなり方法はいくらもありましょうから、力づよく構えて一つ一つやって見ることです。

……病身ではどんな事をしたいと思っても出来ませんので、専ら病気を養いながら心にも身にも隙をつくらぬように厳重な警戒をしてどこまでも虎狼の毒牙《どくが》をさけてゆかなければなりません。（『令女界』昭和十一年七月号）

長女と長男の結婚

【問】私は二人姉妹の長女で、現在女学校の四年生です。家は病院を経営し、何不自由なく育てられて来ましたが、生来体が虚弱のため、時折重い病気にかかり、父母の心を痛めさせております。女学校三年生の時でした。それまで割合丈夫であった私が、一寸の油断から肋膜《ろくまく》にかかりまして、とうとう一学期全部を休学し、父母の勧めで或温泉へ養生に参りました。そして暫《しばら》くそこで保養をしている中《うち》T大学に在学中のYという学生を兄のように慕うようになりました。が、そのころの私はまだホンの子供でしたので、その人に対しても別に深い考えを持った訳ではないのでした。が、この夏又その温泉でYと合い、私自身はっきりYを恋していることを知りました。そして二人は共にかたく結婚の約束をしました。が、私は父の病院の後をとる身ですので、私達の結婚は成立しないでしょうか。Yは工学博士の一人息子です。（一女性）

【答】二人の恋愛が結婚にまで進む事が出来るかどうかという問題は結《けっ》句《く》は二人の決心一つによってきまる事です。……

心配して居られる長女と独り息子との関係ですが、これは現代においてはたいして難しい問題ではないの

です。最近の例を申しますと、天下の大富豪岩崎小彌太《こやた》男爵はその推定相続人であるところの娘を他家へ嫁せしめるため、裁判所に願い出て相続人廃除の手続きをすませたとの事です。また愛知県の知事さんもその一人娘を相続人廃除の手続きをして他家に嫁入らせたとの事です。……中にはひとり息子の方を廃除して他家へ婿入らせるという人さえもありますが、この方は実際問題としては、なかなか困難を伴うようですが、……女の方の例は決して珍らしい事ではありません。あなたの場合は妹があるのですから、お家の方は妹さんにつがせ、あなたが推定相続人の廃除手続をとってもらって嫁入りするという事は割合にやさしい事です。……（『令女界』昭和十一年一月号）

二度目の母に悩む

［問］ 愛《いと》しい生みの母は、私の八歳の夏なくなりました。それから二年後父は二度目の母を迎えました。母には一人の連子《つれこ》がありました。

此《こ》の時私の頭には継母《けいぼ》の二字が強く強く響いたのでした。悩みの日は次々にまいりました、母は少しのことにも私にあたります。

女学校の入学準備の時校長先生から口頭試問があるので、お母さまのお年を聞きました、「私、五十」と母は申されましたので試問にもそう答えて置いたのでした、が、しばらく後、母と何かの話の時に、「ほんとにお母さんは五十？」と聞きました、と、母は「五十なんてうそですよ」？

先生私はどんなに失望したでしょう、口頭試問には嘘を答えてしまったんです、私は今は十五、随分心棒して参りました、この上悩みつづけることは、……何卒《どうぞ》お教え下さいませ。（大阪　谷野浪子）

［答］ あなたの頭に、継母と言うこだわった感情が強く結び付いて居るため、自然あなたの母に対する一々の言語や動作に親しみが無く、なくてよい溝がお母様とあなたの間に知らず知らず出来かかっているのではないでしょうか。

あなたは、もっと務《つと》めて、生みの母に対する様にすなおに、温い愛しみの心を持ってお母様の意をお迎えになることが第一です。（『少女画報』昭和三年十月号）

将来への不安

山のあなたの空遠く

［問］ 私はクリスチャンです。家庭的には物質精神共に非常に恵まれ、大変幸福でありますが、性格的に淋しい気質の為か、世間というものが厭《いと》わしく、ただ自然の風物に浸るということのみが、現在私の一ばんの念願です。女学校三年時代は、誰しも皆一時的にそういう気持を抱くものだと先生に言われますが、私にはどうもこれが一時的の空想だとは考えられません。見るものきくもの、一つとして気に入るものとてはなく、ただただ山から山へ、諸々方々を気ままに放浪したい、そんな考え

ばかり一ぱいで、まして結婚なんて、凡《およ》そ世の中でこれ位穢《けがら》わしいものはないように考えています。……随《したが》って友達さえとも余り親しくない為、聖人ぶるとか、高慢だとか、皆それぞれに悪口を言いますが、私は別に淋しいとも何とも思いません。総《すべ》てに超然としてひたすら神様のみを仰いでいます。然しこうした不肖《ふしょう》の子を持った母の事を思うと、こんなひとりよがりな考えはよくないと思っています。が、自分でもそうにもならない気弱さなのです。先生にお縋《すが》りして、私のとるべき道をおききするしだいでです。（浪子）

【答】ピュウリタンなあなたの眼が、この世の醜《しゅう》悪《あく》を見るに堪えぬものとして、その醜悪から逃避したいと考えることは一応は首肯《しゅこう》することが出来ますけれど、まだまだあなたの心には未熟さがあり、あなたの考えには足らないもののある事を指摘せずには居られません。

　ほんとのクリスチャンというものはその醜悪の中に崇高《すいこう》佳麗《かれい》なるものを見出し、その醜悪をより華麗《かれい》清爽《せいそう》ならしめることに努力しなければならないのです。……

　結婚を嫌悪する気持も少女時代より青春時代への転換期に見るところの特異な心的現象としてまま見られることがありますが、それも人間の真の使命を知らず、結婚の神聖さを知らないためにおこる謬《びゅう》見《けん》です。神は「産めよ殖えよ、地にみてよ」と教えています。産むことは結婚によってはじめて見られることです……。

　母を思い、弟妹をおもうあなたの心は即ち生甲斐のあることではありませんか、旅を思う前に母の額の皺を白髪をそしてその微笑を思うことです。そこに神を見、神をきくことが出来るのです。この世の中にこれ以上の天国はそこにもありません。

（『令女界』昭和十年六月号）

心の迷い

【問】先生、私は十八歳の女学生、一人子で病弱です。そして我儘《わがまま》一ぱいに育ちました。クラス中でもほがらか家でとおっている位です。

　けれどこの頃は「生」への強い愛着心から死というものを心から恐ろしく考えるようになり、生物の死を見たり聞いたりしますと、二三日は口も聞けない有様です。

　そして自分も明日にでも死にそうな気がしてとても勉強が手につきません。もう家のことなど考えられなくなりました。

　父母は非常にやさしいのですけど、私はいっそ家を出て尼僧になり、世の悟りを一刻も早く得とうございます。

　立派な尼僧になれば、父母への恩返しともなると思いますが、いかかでしょうか。

　私はくる日もくる日も小さな胸をいためて居ります。何卒《なにとぞ》私の取るべき道をお教え下さいませ。（なやめる子）

【答】……思うにあなたが極端に死をおそれ出したという事の原因は、あなたが病身であるということによるものと考えられます。健全なる魂は健全なる肉体にやどる――これは陳腐《ちんぷ》な諺として笑ってはいけません。まったく動かすことのできない哲理です。あなたは先ずもって現在の病気を完全に治癒してしまうことです。そしてぴちぴちとした健康体になることです。そしたら貴女のもっている死への恐怖も自ら解消して明朗な日々をおくる事が出来ること必定《ひつじょう》です。

　……そのためには例えば一年やそこら休学をしても、全く廃学してもそんな事は問題ではないと思います。尼僧の生活に入るなどということ、そんな弱いことを考えることがすでにいけないのです。一日も早くからだをなおして健康になって、勉強して立派な女性となって、妻となり母となってそれからそれへと将来に大きな希望をつないで御覧なさい。そこには淋しさも死のおそろしさも何もなくなって大空を仰ぐような明朗にして壮大な快なる魂が躍動するにちがいありません。からだを強くもつことです。心を強くもつことです。(『令女界』昭和十一年七月号)

進路

卒業をひかえて

[問] もう卒業も来春に迫っている私にとっての苦しみというのは、只《ただ》将来のことなのです。

少しの辛抱だとは思っていますが、どうしても学校へ行く事が馬鹿らしくてなりません。

だから父母の望む堅苦しい上級学校へは行きたくありません。と言って女学校卒業だけで終る気は毛頭ないのです。

今の私をこんなに迷わす理由は××歌劇に入学したいという事なんです。……

私が幼い時は文学家をあこがれていました。唯美《ゆいび》主義の私が芸術に気をよせるのは自然のなりゆきだと思っているんです。

一体私はどうしたらいいんでしょう?……(N子)

[答] 火のように熱しやすく、氷のようにさめやすいというあなたの性質、そしてまた気が弱いというあなた。私にいわせるとその他にあまりにも夢の多いわがままなあなた、新聞や雑誌で見るレヴューや歌劇や、映画などのスターの華やからしい生活への娘らしい憧憬、それをあながちに笑ったり、けなしたりしようとするのではありませんけれど、彼女たちの実際の生活、たとえば収入のこと、生活費のこと、品行のこと、宣伝の苦心の事、長くない事、品行のこと、宣伝の苦心の事、裏面生活のことなどを割合によく知って居るものとしては、あの道へ入る以外に他に方法がない、他に進むべき道がないという人ならともかく、父母が上級学校へ入れてやろうというし、その富をもち恵まれた境遇にあるあなたがどうして歌劇への進出などを願い出したのか不思議でならない位です。

……あなたの今の希望を聴いて多くのレヴュガールたちは「なんと幸福な方」と羨望することでしょう。父母の命《めい》に従ってもっと勉強することをおすすめします。(『令女界』昭和九年二月号)

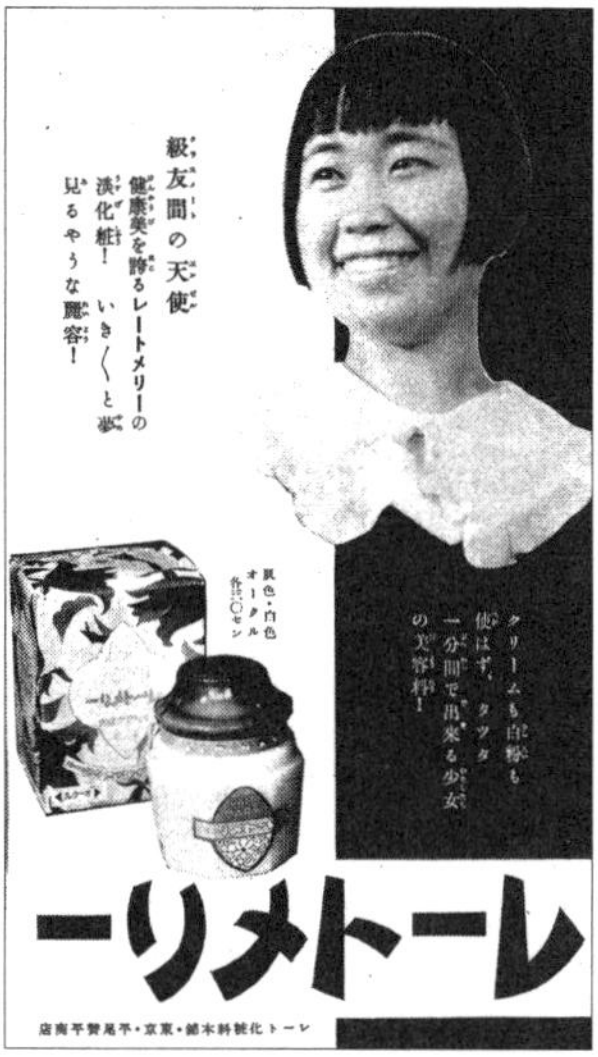

胸をときめかせた 愛読者集会

各雑誌では愛読者集会が頻繁に開催されました。

この集会には編集部員が参加する他、人気作家やスターもゲストに登場することがありました。

憧れの先生方に会えるチャンスですから、女学生たちはめいっぱいおしゃれをして出かけました。

また、情報収集手段が限られていた当時、投書欄を通じて友情を結ぶケースも少なくありませんでした。

愛読者集会は〈誌友〉と会える得がたい機会でもありました。

1

4

3

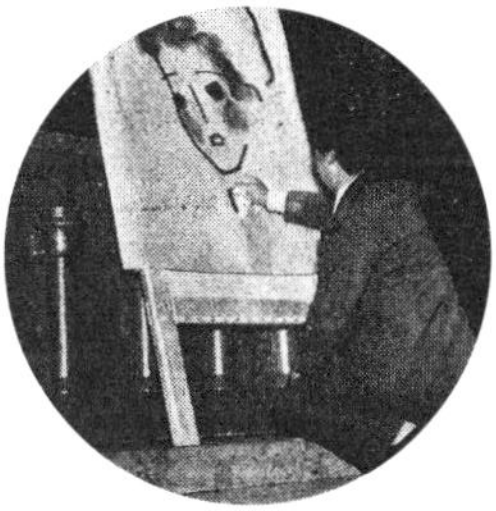

2

5

1.『少女画報』の愛読者集会（同誌　昭和7年11月号より）　2.『令女界』の愛読者集会。天才ダンサーのタップダンス　3.『令女界』の愛読者集会。ゲストで登場した蕗谷虹児（2、3　同誌　昭和10年6月号より）　4.『少女の友』愛読者集会。会場へと急ぐ読者たち（同誌　昭和13年1月号より）　5.『少女の友』愛読者集会。編集長の内山基を囲んで（同誌　昭和12年7月号より）

働く少女たち

小学校や高等小学校を出てすぐに社会に出る少女もいました。写真グラビアで見る限り、彼女たちは働く喜びに満ちあふれています。「ショップ・ガール」「サービス・ガール」「少女給仕」……いずれも、都会に新しく誕生した憧れの職業でした。

大多数の少女は、農業を手伝うか、女中や女工として長時間の辛い労働に従事していたのです。

何より健康――――働くのには、これが第一番に大事です。健康でなくてはなりません。赤い頬、黒い髪、はりきった胸。健康な少女のいる店は、栄えます。店が明るくてきれいです。煙草を買うにも、すこやかな少女のいる店へはいるでしょう。煙草のけむりさえ元気に立ちのぼるでしょう。お料理も運ぶ少女もドアーをあける少女も、ノミモノをしずかに持ってくる少女も、健康が大事です。

ショップ・ガール『朝から晩まで紙包、
けれど私はあきませぬ。
包み終って、貼るレッテルに、
私の美貌も、共に貼る。』

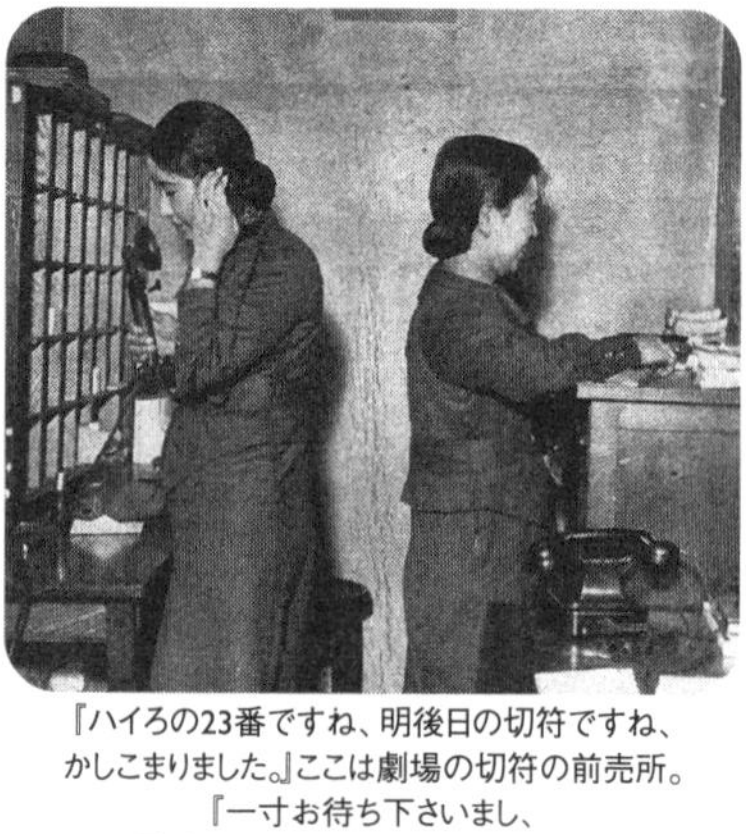

『ハイろの23番ですね、明後日の切符ですね、
かしこまりました。』ここは劇場の切符の前売所。
『一寸お待ち下さいまし、
いま電話をかけて訊き合わせておりますから。』
窓口に向うもこっちも、笑顔と笑顔。
小さい部屋にみなぎる春の空気、それさえ笑顔。

サービス・ガール『自動車が、ついたら、
すぐにとんで行き、やさしくお迎えいたしましょう。』

タイピスト『私の仕事は指の先、私は何も思いません、
指が、ダンスを踊ります。ダンスが終るその時に、
一つの仕事は、出来上る。うれしいな。うれしいな。』

キャラメルにチョコレート、アイスクリームは如何です。
(何方《どなた》ここまで読んで、
唾をのみこむのは?)胸にかけた箱の中には、
お菓子と一緒に親切がいっぱい。
親切はお菓子より、おいしい味です。

少女倶楽部のかげにも働く少女あり……製本屋さんです。
ずらりならべた紙の土手。中にいるのは何でしょう。
……みんなきれいに、揃えられ、キチンと、とじて、
一冊の少女倶楽部になるのです。
恋しなつかし日本一の少女倶楽部のかげに、
このように少女の力が、加わっているのも、
何となく、うれしいことではありませんか。

『少女倶楽部』昭和10年4月号より

美容相談

美容の悩みはいつの世も変わりないようです。ここには掲載しませんでしたが、「ニキビ」「ソバカス」「色黒」「目が小さい」など、大方の悩みは、現代の女子中高生のものと変わりありません。「美容整形を受けたい」という相談もありました。少しでも美しくありたいという気持ち、気になるポイントは今も昔も同じです。時代を感じさせるのは「胸が大きい」という悩みです。今なら逆でしょう。

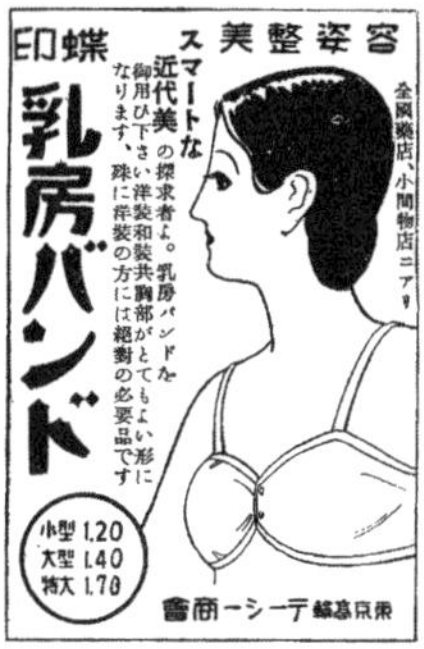

女学生の化粧

【問】女学校四年生ですけれど、まだなんにもお化粧はして居りません。私の学校ばかりでなくどこの学校でもお化粧するのは禁じてあるのでしょうけれど、近頃は随分お化粧してる方を見うけます。そして、私は美しいと思います。学校で禁ずる理由は兎《と》も角《かく》として、私が美しいと思うのは間違いで御座いましょうか。先生はどんなにお感じになりますか。そして先生は女学校時代美容上どんなことをお求めになりますか。（A子）

【答】私も随分お化粧なさった女学校の方をみることがあります。……人の美醜は顔かたちや化粧にばかりよるものではなく、教養や意志や感情やいろいろなものが現れてその上ではじめてきまるものと思います。少女には少女らしい美しさ（お分りでしょうね）が何よりと思います。お化粧などは人に不愉快さを与えない程度のもの、爪の間を黒くしていたり埃り臭い頭をしていない位でよろしいのだと思います。お化粧によって美しくみせなくたって少女には少女の美しさがあると思います。化粧してるとわかるほどの化粧をするのは、本当は、一生に一度の少女時代にロマンティシズムをすてて仕舞うことではないでしょうか。

校服の時は、せめて薄い頬紅位がよろしいと思います。……（『令女界』昭和九年十一月号）

肩が広すぎて

【問】肩幅が体の割に広いので着物の折に困ります。やせる薬を飲もうかと思いましたがお金が要りますし、あまり効もないような話ですから飲まないで居りますが、どんなにいたせばよろしゅう御座いましょう。（山形　T子）

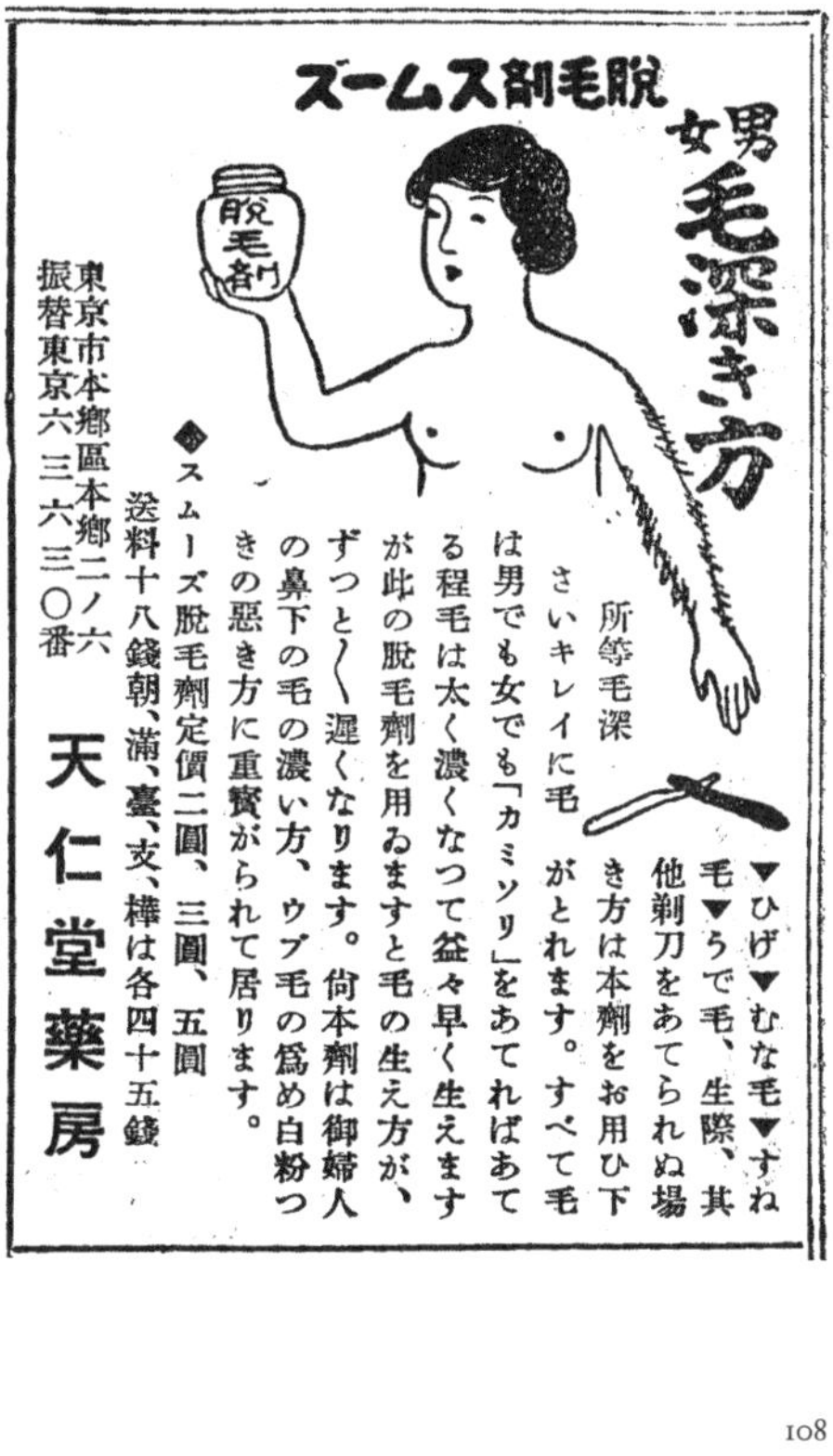

［答］肩幅が広いのは骨が広いのですからいくらやせる薬を飲んでも効は御座いません。……

全身を太らせて肩ばかり目だたないようにすべきで御座います。そして体操などを試みて関節の柔軟をお図りになれば必ずよくなることと存じます。（『令女界』昭和七年十一月号）

無理なお願い

［問］無理なお願いを申上げて申《もうし》訳《わけ》御座いませんが。どうかこの苦しんでいる子をお助け下さりませ。私は今東京高女の四年ですが、お笑い下さいますな、私の乳房は年の割に大きくて着物等着ますと、胸が大きくてはずかしくてたまりません。此頃では、夜ねむれぬ程一人で悩んで居ります。乳房が小さく（普通）になる方法をお教え下さいます様に、心から心からお願い申し上げます。（幸子）（大阪T子）（芳子）

［問］乳房の大きいことは発育のよい証拠ですから、寧《むし》ろ女性として誇るべき健康美です。悲しむことではないじゃありませんか。乳房が小さくなる方法などありません。どうしてもきまり悪いというのでしたら、この頃百貨店などで胸美帯というものを売って居りますから、それをしめるのがよろしいでしょう。もしそれが手に入らないところでしたら、晒《さらし》木綿《もめん》かガーゼを三ツ折幅にして胸にまいて押えて置きなさい。（『令女界』昭和六年十月号）

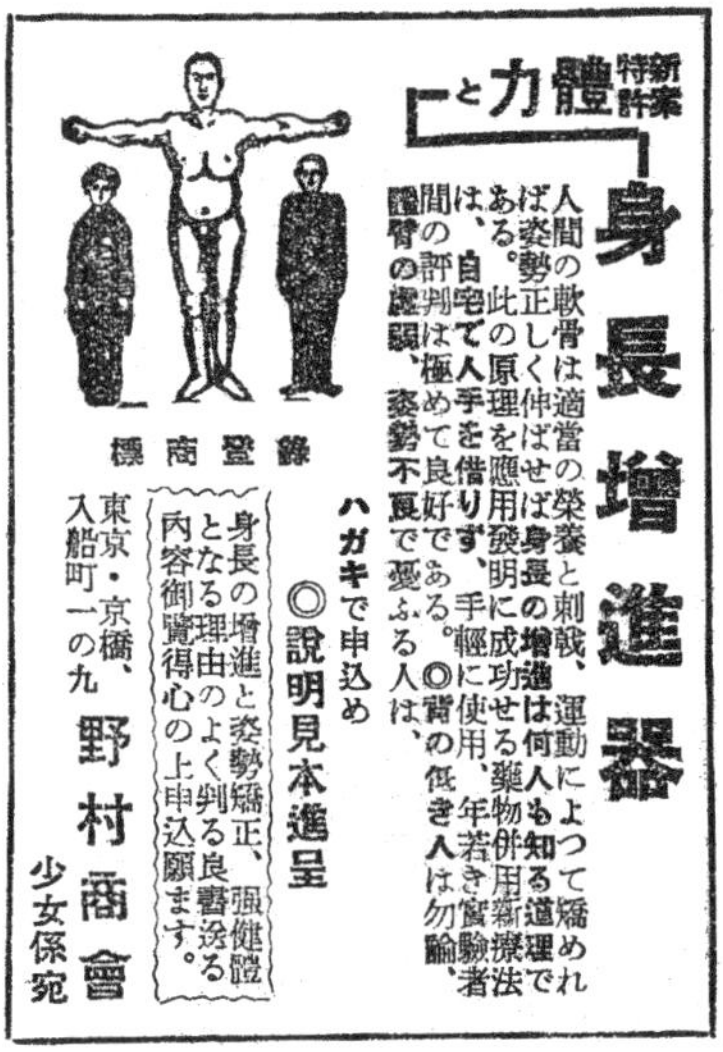

未だ三年生なのに

［問］女学校三年生。乳房が人なみすぐれて大きく洋服といえど、和服といえど恥かしいばかり。帯がずって赤ちゃんのある人のようです。乳房バンドと申すもの、あれは健康上よろしくはあるまいと思いますが。（夏子）

［答］どんなに大きくても、ぶよぶ

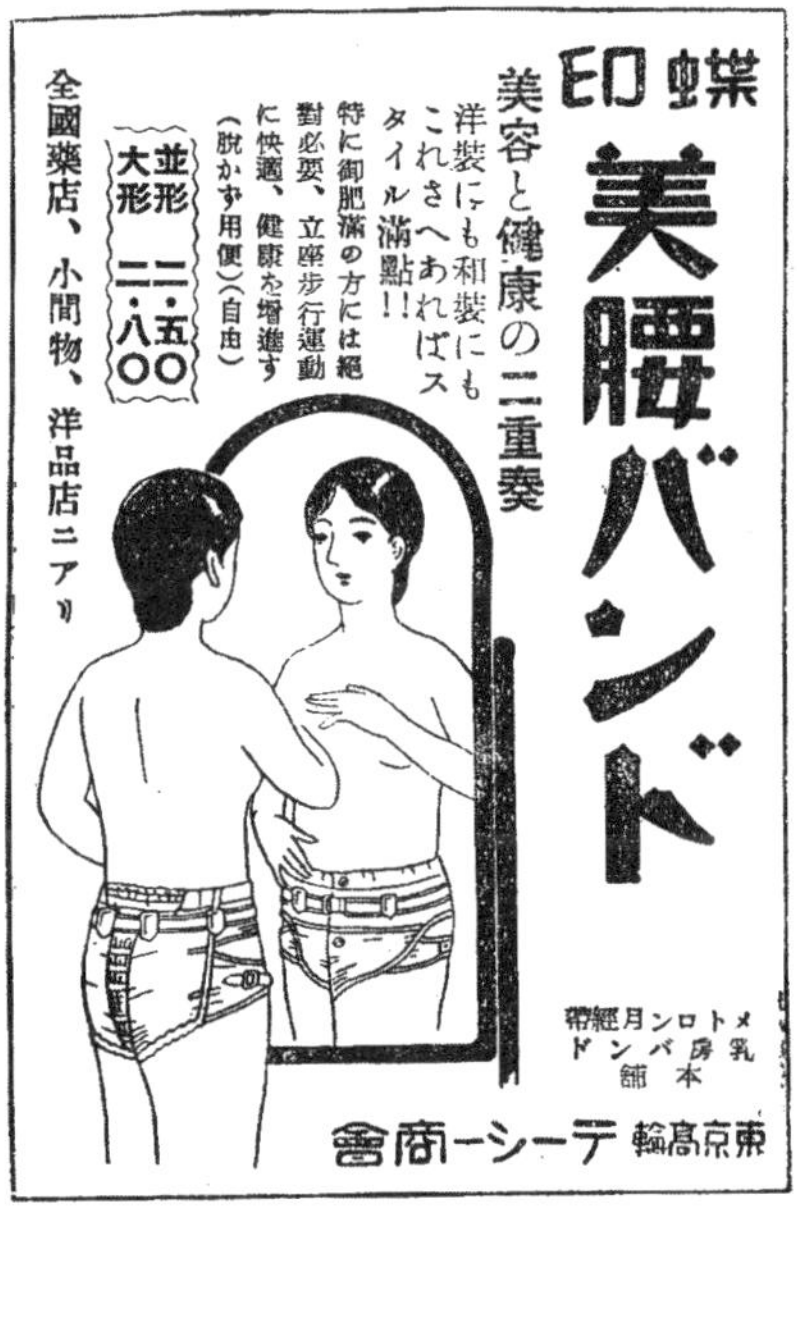

よ垂れ下がったのでなければ恥しがるには及びません。からだ全体がきりりとしまり、乳房も大きくはあってもしまった感じを与えるものなら、なげくどころか、立派な美しい乳房なのです。優れた裸体彫刻をみて御覧なさい。処女をモデルにしたものでも、なんとその豊艶《ほうえん》な乳房でしょう。気にしていじれば益々大きくなります。バンドはぎゅうぎゅうしめ上げない限り害はありません。（『令女界』昭和七年十一月号）

太り過ぎ

[問] 十七で御座いますが、元もと太って居りましたのがこの頃急に一層太って参りました。腕など普通の二倍ほど御座います。大きなお尻のために背縫《せぬい》がひろがってしまいます。運動も可《か》なり致しますが背丈けは伸びないで太る一方で御座います。両股、膝の後などすれてただれた様にきたなくなって居ります。ノーストッキングで居たいと思いますがそれも出来ません。

[答] そんなに太っていらっしゃるのはからだに異状があるためと存じます。もう少し、お年を召したり、結婚なさいますと幾分お痩せになることも御座いますが、一度内科の医者にお診《み》せになった方がよろしう御座います。そして、菜食を主にして、脂肪の多い物、甘い物をお控え下さい。心臓に故障がなければ運動はうんとなさった方がよろしう御座います。……股ずれなどは、いつも清潔にしてシッカロールのような粉を付けて置きます。（『令女界』昭和七年十一月号）

足の太い子の悩み

[問] 私は十七歳の少女でございます。

毎日堺の女学校に通って居りますが、お友達は大抵洋服を着て居ります、お母さんもそれを御覧になって『洋服はいいねえ、格好がよくて』とおっしゃって、私にも着るよう何《い》時《つ》もおすすめなさいます。私も何遍でもそのたびに躊躇して居ります。それは、私は体はそうでもありませんが、足だけが、ブテブテ太っているのです。ですから洋服を着たら随分格好が悪いでしょう。

私は洋服を着ない方がいいでしょうか。

それとも足を細くする方法はないでしょうか。お母さんを喜ばして上げたいのです。（大阪　初子）

[答] 少女時代に肥《ふと》っているのはあたり前です。あまり気になさらぬ方がいいでしょう。それに少女の方々は、大して太くもないのに太いと考えすぎている方が多いようです。なみ外れて太いのでなかったら、どんどん洋服を着られたらよいでしょう。なお足を細くする方法はないそうであります。（『少女画報』昭和三年九月号）

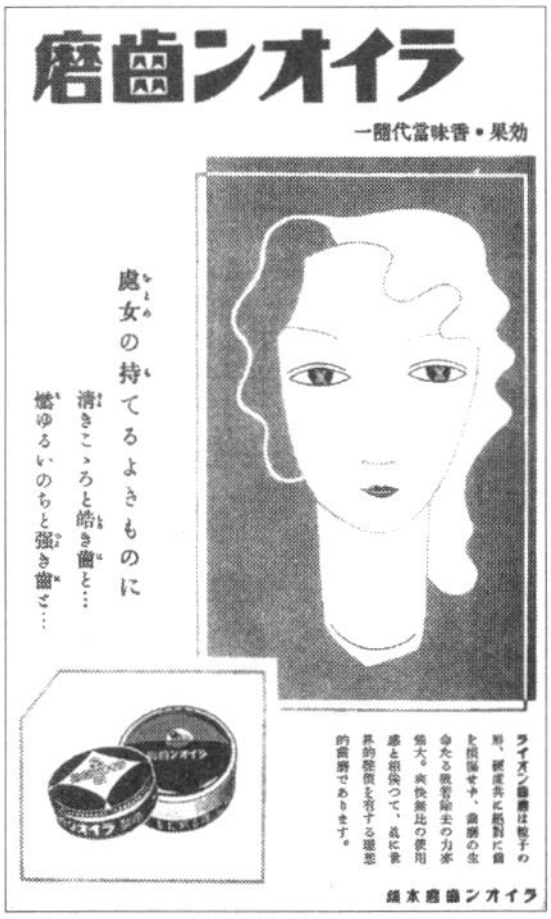
ライオン歯磨
効果・香味當代随一
處女《をとめ》の持てるよきものに
清きこゝろと皓き歯と…
燃ゆるいのちと強き歯と…
ライオン歯磨本舗

すつきりと思ふまゝに姿をよくする
ファインゴム
衛生的美容装身具
すつきりと、すらりと
歌かに流るゝ肢體の流線美……
晴の御婚禮には
殊に重寶がられ
映画や、舞踊劇の必需品
ファインゴム！
御存知

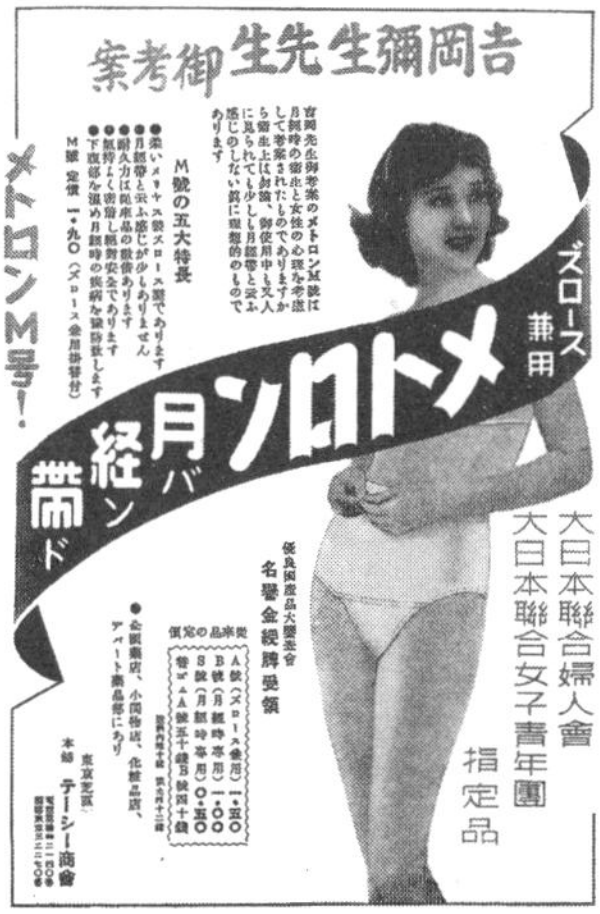
吉岡彌生先生御考案
メトロンM号！
ズロース兼用
メトロン
月経バンド
大日本聯合婦人會
大日本聯合女子青年團
指定品
名譽金牌受領
テーシー商會

ライオン水歯磨
君の息吹は花薔薇
玉の歯匂ふほゝゑみ
ライオン水歯磨
快適爽涼
夏一番の
洗口料！
ライオン歯磨本舗

髪洗ひ
花王シャンプー
一個・五錢
きよらかな髪
清らかなあなた！
花王シャンプーは
よく落ち　お髪を
しなやかにし
艶々しくする　日
本で一番よい洗髪
料です
いま大懸賞中！
〆切らぬ内お早く！

ウテナ化粧水
溌溂！　明朗！
健康美へ――
時代の女性
美観は移る
だからお化粧も
時代人らしく
あつさりウテナで
なさらねば……
東京・本郷　久保政吉商店

髪洗ひ
花王シャンプー
制服のまゝ
簡單に洗ひ上る
花王シャンプー
をお使ひ下さい
一個五錢

寒風膚を刺す銀嶺に踊る乙女の優姿
スマイル
新しい眼薬

我等の洗髪日！
髪洗ひ
花王シャンプー
一週一度の御洗髪
にはお忘れなく
一個五錢

藤波芙蓉先生のびっくり美粧相談

この自信にあふれた回答！　藤波芙蓉先生にかかれば、美容に関するあらゆる悩みも吹き飛んでしまいそう？！
藤波芙蓉氏は明治時代から活躍するカリスマ美粧師。著書『美粧』は25版を重ねるロングセラーになっています。外国の化粧法を日本女性に紹介した美容界の権威でした。

問　私は唇が上下共に厚くて困って居ります、リバポマードは確実に効きましょうが、定価は幾ら位のものでしょうか。（名古屋　時子）

答　**リバポマード**はその唇に縦皺《たてじわ》さえなければ効果が御座います。一瓶三円四十銭、送料二十銭で、此《こ》れ一ビンで相当の効果を収め得られます。（『令女界』昭和十五年七月号）

問　私は来春卒業の高女生で御座いますが、非常に脚が太く友達からネリマ大根等と冷かされて困っております。○○脚美帯を使用致して見ましたが少しも小さくなる様子がありませんので悲しい日を送って居りますが。（高知　一愛読者）

答　「小さく」とは細くとの意味と察しますが、それなれば夜間**フレッス**を脚部に強くすり込みてマッサージして其儘《そのまま》にして翌朝拭取らるべく、若《も》し足等を縮めて小さくというような御要望であれば、現代化粧化学の力のまだ及ばぬ範囲に属します。（『令女界』昭和十一年一月号）

藤波芙蓉先生創製の美粧料

カンクリーム　定價 大 二・三〇 小 〇・六〇
アレ性でありながら、吹出物やハタケの發生する顔手足のカサ〳〵する人が毎日朝夕二回よくすり込めばアレも治り、美しい肌になる

バタミルクローション　定價 大 二・三〇 小 〇・八〇
皮膚を艶麗滑澤にさせ、キメを細かにして日焦け白粉やけシミ・ソバカス・ニキビの膚を白美化す、洗顔後朝夕二回よくすり込む。

黄玉粉白粉　定價 大 二・六〇 小 一・〇〇
黄色い皮膚は手入れ次第で他の色より美くなる、此點を研究の末この帶黄眞珠色の白粉は生れました特にアセモ、ニキビ吹出物を防ぐ

生睫劑　定價 大 一・九〇 小 〇・七〇
シルロー（生睫劑）は睫毛を長く、且つ濃厚にします。毎日一回眉縁にて睫毛の生えてゐる外側へ塗布いたします。

育毛精　定價 大 二・八〇 小 一・〇〇
頭髮、生際、モミ上、襟足等を濃く長く生毛を促進します。毎日三回小ブラシで强目に所望の局所へすりつけます。

隆鼻整形器　定價 五・〇〇
硬化老衰せる皮膚を若返へらす、一週に約二ポンド位づゝ減痩す

特異性の體質の方に必要な特製の美粧料
ヘドール（五・四〇）コントラック（三・一〇）
リバポマード（三・一〇）フレッス（二・九〇）

問　十八歳の処女、一重瞼を二重瞼にするには如何《どう》すれば宜敷《よろし》いでしょうか、縮唇ポマードは二重瞼にするのに効果が御座いましょうか、手術以外で二重にするには如何《ど》んな方法が良いでしょうか。（大阪　早苗）

答　その瞼上に浅くとも溝があれば、その溝に添って**縮唇ポマード**を眉筆様《よう》のものでお引きになれば、やがてハッキリと二重瞼を描出《びょうしつ》されますが、その横溝の何等痕跡《なんらこんせき》なき瞼は如何《いか》なる手術にても自然と等しき二重瞼に改造することは至難です。（『令女界』昭和十年九月号）

問　今年十八歳になる娘、生際《はえぎわ》が薄く其《その》上《うえ》おでこが広く困って居ります、その為何を結っても似合いません、どうしたら額をせまくし生際を濃くすることが出来ましょうか、又眉毛も大へん薄く短いのですが如何したらきれいな眉毛になりましょうか。どんな薬で幾日位で効目があり、何処で売って居りましょうか。（東京　みどり）

答　アブラ性であったら朝夕二回生際及《および》眉に**育毛精**をすり込みなさるが有効ですが、アレ性でしたら、それをすり込む前にその部分に**カンクリーム**をすり込み拭いた上になさらぬといけません。併《しか》し何れとも「幾日位」というような短時日で奏効さるべくもなく、御体質により一ケ年位の御辛棒を予期して頂かねばなるまいかと存じます。（『令女界』昭和十二年八月号）

問　十八歳の娘で御座います、生まれつきの色黒で幼い時は何も考えずに参りましたが、年頃になりますと、人と応接する場合にも何とも心がひけてなりません、今迄使用した〇〇〇〇クリームは余り効果が無いのでオキシフルを使用して見ようかと思って居りますが如何で御座いましょうか。（福岡　一二三四）

答　アブラ性なればオキシフルも不適当ではありませんが、それは工業用の粗製オキシフルでは有害ですから、純粋の精良オキシフルをお選びになるよう注意を要します。而《しか》もアブラ性として其《その》純粋の精良品を用いる効果よりも、**バタミルクローション**の方が一層有効であり、……（『令女界昭和十年三月号』）

問　私は女学校三年の者で御座います。遺伝というので御座いましょうか、私の鼻は父の鼻に似て団子鼻です。その為学校へ行ってもからかわれ非常に残念でなりません。先生これを直す為手術は無いでしょうか、直すとどれ位かかるでしょうか。（東京　廸子）

答　手術的療法は却って危険をともないます。先ずコールドクリームでマッサージして、その上**隆鼻整形器**をお掛けなさるのが安全且つ有効な方法で御座います。（『令女界』昭和十一年一月号）

学園スナップ

雑誌グラビアより「東京で最も明るい女学生ライフ」をご紹介します。

くったくのない
ほがらかな笑顔の女学生たち。

東京市立第一高女名物の温室前にて。
『少女画報』昭和7年4月号より

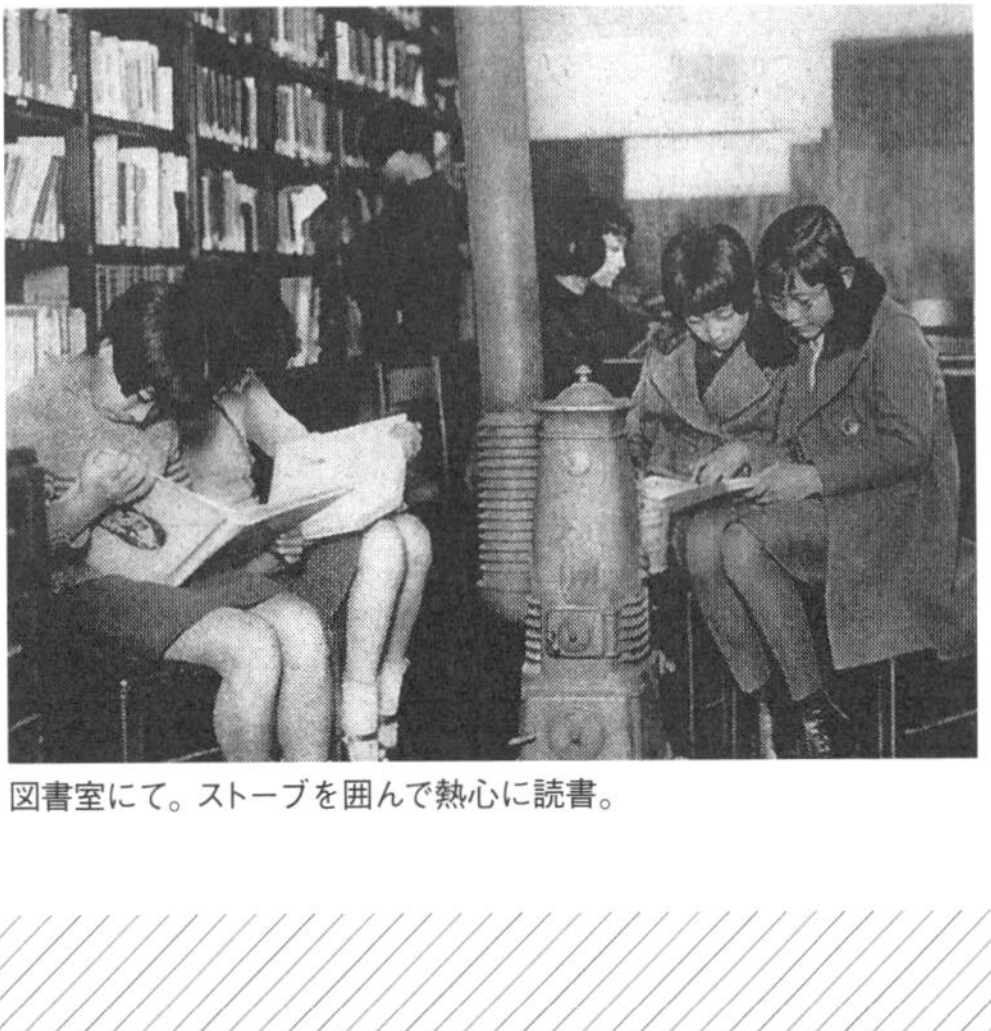

図書室にて。ストーブを囲んで熱心に読書。

勉強する時はわきめもふらず。

運動の後はもりもり食べましょう。

明るく元気になるにはスポーツから。体全体を動かす自転車とフープが最適。

114頁左下以外は、『少女の友』昭和10年2月号より

特別寄稿

吉屋信子と少女小説とエスと近親相姦

嶽本野ばら

　エスなるものへの論考、及び説明を嫌というくらい書いてきて、自分の作品の中でも取り扱ってきました。吉屋信子の少女小説とエス――に関しても、『屋根裏の二處女』なる信子の長編の中でもとりわけエス的要素が濃厚な名作を監修・解説し「吉屋信子乙女小説コレクション」（国書刊行会・刊）として収める作業をしたので、もう、いい加減、そのことを語るのには飽きました。なので、全三巻からなる「吉屋信子乙女小説コレクション」を読んで下さい。

　……と、いう訳にもいかぬのだよな。じゃ、エスって何？　SMと関係あるの？　などと惚《とぼ》けたクエスチョンを抱いている人に、掻《か》い摘《つま》んで説明しますね。

　エスとは女子同士の友情以上、恋愛未満の感情、もしくは関係のことを指します。これは明治の頃から戦前に掛けて自然発生しました。女のコ同士が焦がれ合うというのはもっと昔からありましたし、現在も消えていませんから、何故にその時代にエスが活性したのだろうと疑問を持たれるのは当然ですが、この時期というのは、今まで女は学問なんてしてはいけない、嫁ぐまでは実家の為、嫁いでからは旦那様とその家、そして子供の為に生きるべきという日本の悪しき風習が、少し緩《ゆる》まった頃であったのです。男尊女卑は相変わらず続いていましたが、「ま、女子にも少しくらいの教養を身につけさせても、構わないかもしれないなー」という意見が知識人やお金持ちの間で出てきたのが、明治。でも、女が男と同じ立場でお勉強をすることは、赦されませんでした。ですから、学校に行きたい女子は女学校に入れられたのです。そうすると、同級生も先輩も後輩も、女のコだらけでしょ。というか、学校になぞ通わず普通に生活しているより、男子と触れ合う機会がなくなるでしょ。だけれども、思春期って恋をしない訳にはいかないではないですか。そこで当時の女学生は、同性の活発な先輩に憧れたり、愛らしい後輩に胸をときめかしたりしていたのです。エスとは、従い、シスター（sister）の頭文字です。

　女子が女学校という特殊な空間、同性間で想いを寄せたり寄せられたりしていたのなら、男子だって男子校で周囲は男だらけ。でも男子は同性を好きになったりしなかったじゃないか、女子だけおかしいぞと、ツッコまれる貴方。貴方がご存知ないだけで、実は男のコと男のコの友情以上恋愛未満も、ちゃーんとあったのですよ、同時代。これはねー、ボーイ（boy）の頭文字を用い、ビーと呼ばれました。エスと違い、ビーがなかなか小説や他のカルチャーで紹介されない理由までは知ったこっちゃございません。が、高畠華宵や伊藤彦造は思いきり、あからさまにビーな目線で男子を描きました。多分、ビーのほうがエスよりも、カミングアウトするのが難しい……否、男子はアホなので、自身がビーであってもなかなか、そのことに気付けなかったんじゃないかな？

エスに話を戻しませう。今尚、語り継がれる掌編連作少女小説集の金字塔『花物語』や続編的『小さき花々』で信子は、独特の流麗でリリカルな文体を駆使し、エス・ワールドを展開、女のコ達のカリスマとなります。エスをモチーフとした少女小説というジャンルは信子が完成させたといっても過言ではない。さすれど、少女小説は信子が作り上げたものではありません。信子だけが書いていた訳でもありません。夭折の作家である松田瓊子《けいこ》は信子とは一味違うテイストで寄宿舎で暮らす少女達のエス的物語『紫苑の園』（これがまた素敵なのら！）などを発表しました。あの、女体に対して異常な執着心を抱き続けた文豪、川端康成でさえも当時の少女小説の勢いに呑まれたのか、少女小説を手掛けています。

信子の作家としての生涯は長く、デビューは少女小説でしたが、少女小説が時の徒花と散ってからも、コンスタントに良質のエンタテインメントをリリースしていきます。少女小説＝エスもの＝吉屋信子な認識は、ですから間違いです。

信子のエスを題材にした膨大な小説に於いて、エスはディープでお耽美だったり、あっさり爽やかだったり、様々な形を取ります。冒頭で、エスとは友情以上、恋愛未満と記しましたが、『わすれな草』でユーモラスにフューチャーされている限りなく友情に近いエスがあるかと思うと、嗚呼、そこまでいってはいけませんことよ!な『日陰の花』(『花物語』に収録の傑作。野ばらが一等、好きな信子作品)の如き、プラトニックラヴを少し超えちゃいましたね(汗)のエスもあるのです。

じゃ、結局、まどろっこしいことを抜きにして、エスは今でいうレスビアンでしょ。と解釈されてしまうと、非常に困る。信子は確かに、レスビアンの元祖とでもいうべきギリシヤの女流詩人であるサッフォーの詩と存在に感化されていました。エスの心情や行為の先駆者として手放しで彼女を崇拝したりもしています(『黄薔薇』という『花物語』の一編をご参照あれ)。それでも、レスビアンとエスとは違うのです。ついでにいうなら、百合とも、若干、違うのです。

理解し易いように、仮にエスは恋愛感情であると定義してみましょう。恋愛感情には大きく二種類あります。同種に惹かれ、一体化してしまいたいと思う近親相姦的願望と、異種のものに興味を持ち、己に欠けた部分を補う為に一体化したいという社会主義的願望。エスの恋愛は前者の近親相姦的願望なのです。お揃いのハンケチを持ちたい、二人きりの秘密を共有したい……。こんな感情は近親相姦への憧憬がなければ起こり得ません。貴方の万人の役に立つ部分が好き。だから貴方は外で働いて下さい。私は貴方がその才能を遺憾なく発揮出来るよう、家で炊事、洗濯などをしてサポートしましょう。このようにクールに共同体としての分担を決められる人の恋愛は、社会主義的として構わない。社会主義者は、これは恋人、こっちは友達で、こいつは仕事のパートナーと、自分にとってのそれぞれのキャスティングが行える人と言い換えてもよいかもしれません。逆に近親相姦者は、好きになると恋人でもありたいし、お友達でもありたいし、家族でもありたい——最終的には貴方自身でありたいと、相手に全ての役割を望んでしまうのです。友情以上、恋愛未満でエスが成立する裏には、どっちも欲しいんだもん！という女子独特の貪欲さが潜んでいたりする。欲望が混濁しているが故、エスをストレートに同性を愛する女子とカテゴライズしてはならぬ理由、摑んで貰えたでしょうか。社会主義的な気質を持つ同性愛嗜好の女子であるなら、シンプルに相手に求めるものの第一は性的魅力ですから、そこにレスビアンの呼称を持ってきても問題はないのです。

信子の創作する少女達は、あまねく、近親相姦的恋愛をします。その風景を緻密に描写したものこそが、信子の少女小説なのです。しかし、主に近親相姦的な情動は大抵の幼き少女が抱くもので、経験と年齢を重ねれば、少女の殆どは社会主義的な思考に目覚めていきます。そのことを誰よりも知っていたのは、信子です。ですから信子は代表作である『花物語』のはしがきに「返らぬ少女の日の／ゆめに咲きし花の／かずかずを／いとしき君達へ／おくる。」と入れたのです。

信子本人は生涯、近親相姦的メンタリティを己から追い出せなかった筈です。かといって、社会主義は近親相姦に劣るとも主張しませんでした。戻ってこいとはいわないが、少女の頃のあの、やるせなく、稚拙ながらも輝かしき季節を忘れないでいてくれれば……。そんな、ささやかな祈りのみを信子は捧げ続けていたに違いありません。

こうして信子の少女小説のエス的要素だけを語れば、信子という作家は脆弱なセンチメンタリストでしかなかったと印象づけられてしまうやもしれぬので、最後に付け加えておきます。信子が若くして少女小説をしたため始めてから、晩年、『徳川の夫人たち』を執筆するまでの一貫したテーマは、女子が男子と同様、自我を持って何が悪い！という主張でした。「女子の教養は許可したじゃないか。その上、自我まで欲しいというのか。とんでもないぜ」。悲しい哉、現在にも残る男性主権の意識と、信子は常に戦っていました。エス小説のお手本のような『屋根裏の二處女』にしろ、モチーフは女子と女子との美しくも禁断の恋愛ですが、打ち出されるのは「女子も自我を持って当然です」という強固なメッセージなのです。今、読めば古臭い筈の信子の少女小説がひからびることなく僕達を魅了するのは、エスという様式美の内に自我の獲得という核が置かれているからだと思います。

どうか、これを機に吉屋信子の少女小説を深読みしてみて下さい。

発掘！　昭和のカリスマ女学生

昭和初期、都会のハイカラ女学生たちから圧倒的に支持されていた雑誌『少女の友』。同誌は編集部と読者、そして読者同士の交流を重視しており、誌面にも多数の読者が登場しています。そうした中から、読者からの人気を集める〝カリスマ読者〟も誕生しました。ここでは昭和一〇年代（一九三五～）の『少女の友』で、文芸欄の常連として名を馳せた〈渚《なぎさ》の灯《ともしび》〉さんと、読者モデルとして写真グラビアにたびたび登場し、多数のファンを持っていた〈宮松小夜《みやまつさよ》〉さんをご紹介します。

緑の室《へや》のお姉様　渚の灯さん

読者に文学少女が多かった『少女の友』。才知あふれる読者たちが意欲を燃やしたのが「読者文芸」への投稿でした。作文・和歌・図画・詩など、入選作が掲載されるのはもとより、それまで入賞を重ねてきた投稿者の中から毎月一名が最優秀投稿者として選ばれ、「少女の友記念時計」を贈呈されるシステムがあったため、文学少女たちは名誉の銀時計を手にするために競って投稿し、切磋琢磨《せつさたくま》しあいました。

一般の読者たちにとっても、次は誰が〈お時計〉を手にするのかは注目の的で、全国の読者たちが賞レースの行方を見守りました。

また、栄えある時計の受賞者にはもう一つ特典が与えられました。それは読者投稿欄の巻頭を飾る「緑の室《へや》」への参加です。ここは「銀時計をお取りになったお姉さん達のお部屋」（投書規定より）であり、いわば〝殿堂入り〟した読者が集うサロン的な投書欄です。そこで長く活躍し、抜群の知名度を誇ったのが〈渚の灯〉さんです。

まずは、彼女が銀時計を手にした際の感激の投書を紹介しましょう（読みやすいように、旧漢字やかな遣いを適宜改めました）。

喜びの日に　　東京　渚の灯

今月も亦没《またぼつ》かしら…と淡い失望を抱きながら開いた文芸欄にまあ！　この喜びが待っておりましようとは…。

グリーンの小箱に眠る可愛いお時計を手にしてまだ夢の様な気が致しております。

「有難う存じました。」本当に何て御礼申し上げてよいのやら。拙《つたな》き子はこの喜びを表し得る術《すべ》すら存じませんものを。

緑のお部屋は憧れの園…。それ故私には遠い遠い世界でございましたのに。今日のこの身に余る光栄に唯面《ただおも》はゆう存じております。

思えば長い長い旅でございました。御多才な君達の中に入って余りにも貧しい存在であった私故、幾度か去ろうと思いながら、やはり友ちゃんを離れることは寂しく、その頃一緒にお投書を始めた方から頂いたネームを使って、とぼとぼと歩んで来た私でございました。

寂寥《せきりょう》と憂鬱《ゆううつ》で占領してしまったようなこの心を友ちゃんはどんなにか慰めてくれたことでございましょう。そしてこの輝かしいお時計の光は私の前途をも照らしてくれることでございましょう。

幾多の嵐にともすれば消えようとした渚の灯をお導き下さいました諸先生、並びにお姉様方に厚く御礼申し上げます。なお一層お導きの程を。

*

早速お祝い下さいました丘導子様、三重のちんちろ雀様、有難う存じました。み振るい遊ばせ。なお、お言葉下さいました皆様に誌上より厚く御礼申し上げます。

十・二・一

（『少女の友』昭和一〇年四月号「緑の室」より）

昭和一〇年二月号にて時計を授与された〈渚の灯〉さん。ブログやツイッターで自分の意見を手軽に発信できる現代と異なり、昭和初期の女学生たちには自己表現の場が限られていました。雑誌の投稿欄は彼女たちに開かれたほとんど唯一のマスメディアであり、〈渚の灯〉さんも、自信と落胆との間で揺れ動いていたと思われます。美文調の文面は決して大げさではないのです。

とはいえ、女学生が雑誌に投稿することに眉をひそめる向きもありました。そこで読者たちは厳しい眼をむける学校関係者や親たちからのカムフラージュとしてペンネームを使いました。

一方で、〈幽菫《かすかすみれ》〉や〈赤いリンゴ〉など読者たちが思い思いにつけた誌名はキャラクター性も帯びており、存在感を発揮しています。当時の女学生たちは誌名という〝アバター〟を用いることで、雑誌の世界でのびのびと自分を表現できたのでしょう。

…………

「緑の室」メンバーとしての第一作がこちらです。

遠き人

秋雨煙る　白き径を
二人して
相々傘で帰りしを
今…我一人行く
そのかみの　思い出を拾つゝ
グリーンの傘に映えて
美しかりし　汝が姿
黒き瞳の　胸に残りて
夜毎なる　夢はなつかし

あゝ！
されど　そは遠き人
我胸にのみ　永久に咲く
うるはしき花
氷雨にぬれて
白き径は冷たし—

華立優里《はなたちゆうり》様、過ぐる日にみ言葉賜りましたまゝ、お返しも没故に。美作お待ちしております。お振い遊ばしませ。

（昭和一〇年五月号「緑の室」より）

…………

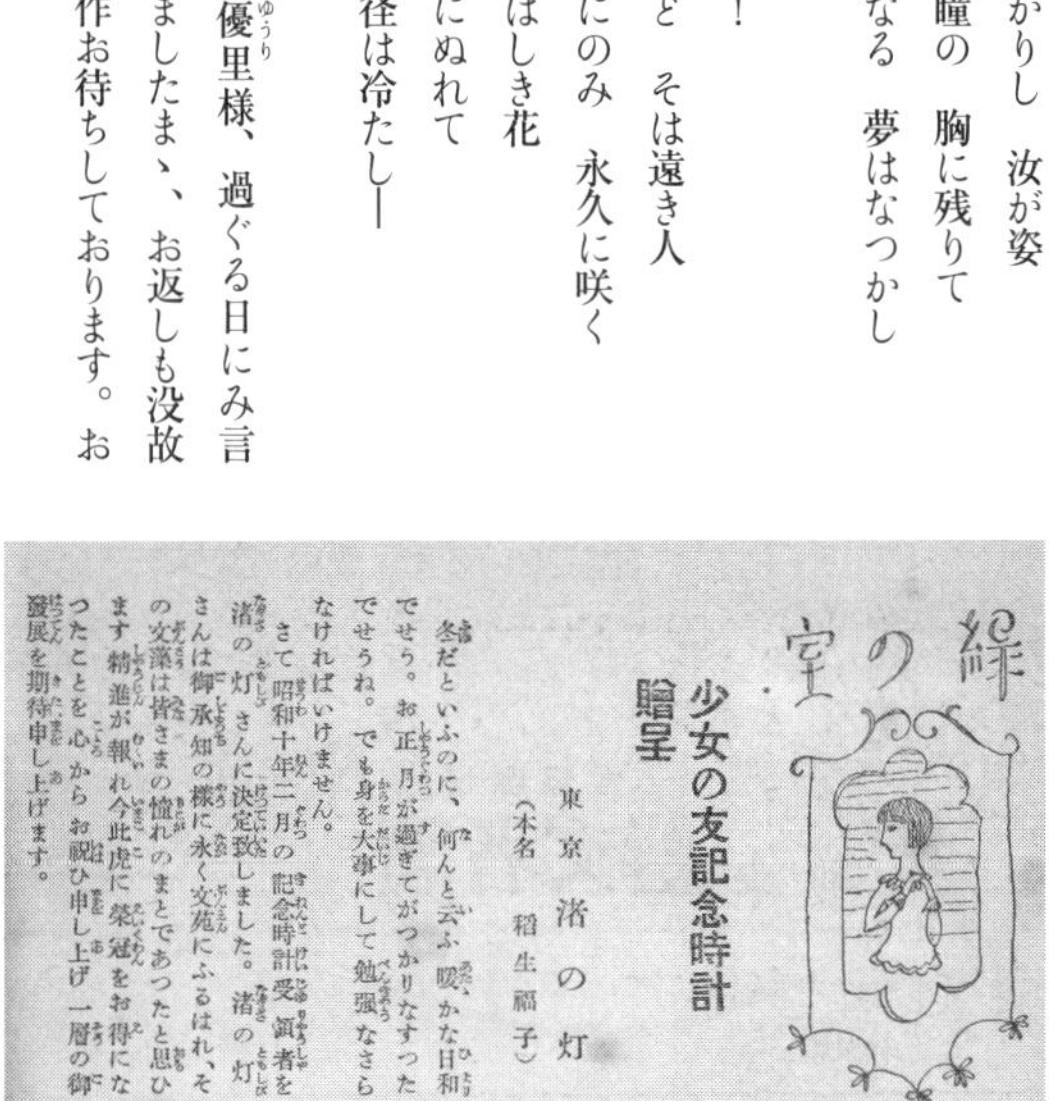
緑の室

少女の友記念時計贈呈

東京　渚の灯　（本名　稲生[illegible]子）

冬だといふのに、何んと云ふ暖かな日和でせう。お正月が過ぎてがつかりなすつたでせうね。でも身を大事にして勉強なさらなければいけません。

さて昭和十年二月の記念時計受領者を渚の灯さんに決定致しました。渚の灯さんは御承知の様に永く文苑にふるはれ、その文藻は皆さまの憧れのまとであつたと思ひます精進が報れ今此處に栄冠をお得になつたことを心からお祝ひ申し上げ一層の御發展を期待申し上げます。

「緑の室」扉絵と〈渚の灯〉さんの時計贈呈の記事（昭和10年2月号）
「渚の灯さんはご承知のように永く文苑にふるわれ、その文藻は皆様の憧れのまとであったと思います」との講評。

…………

今年の友ちゃん会は大変盛会で沢山のお友だちとご一緒に楽しい一日を過ごさせていただきまして有難うございました。乱筆で皆様のサインブックを汚しましたことをお詫び申し上げます。（中略）

赤い襟のセーラーを召した断髪の可愛い方、後でサインをと申し上げましたが、して差上げましたかしら？　お目にふれましたらお名をお明し下さいませ。では皆様お健やかに。

（昭和一三年一月号「緑の室」より抜粋）

〈お時計組〉となった三年後。堂々たるお姉さまぶりを発揮しています。『少女の友』の愛読者集会「友ちゃん会」にて、付録についたサインブックを手に、読者同士が名前を記しあったのだと思われますが、〈渚の灯〉さんはスター的存在だったようです。年下のファンを気遣う余裕すらみえます。

…………

この約半年後、〈港の灯〉さんのお姿が、全国の読者の間に知られることになりました。写真グラビア「乙女の港」に洋子役として出演したのです。〈渚の灯〉さんは、読者の期待にたがわぬ麗しのお姉さまでした。

〈読モ〉の元祖！
〈宮松小夜〉さん

読者のおしゃべりコーナーである〈友チャンクラブ〉の常連で、天真爛漫《てんしんらんまん》な明るいキャラクターで親しまれていたのが〈宮松小夜《みやまつさよ》〉さんです。彼女の誌名は大ファンであった宝塚スターの小夜福子（五八頁参照）にちなんだものですが、ご本人もスターなみの華やかな容姿を持ち、モデルとしてグラビアに登場しました。読者モデルのはしりといえる存在です。

『少女の友』昭和一三年（一九三八）一月号の巻頭をユニークな企画が飾りました。「少女劇マテオ・ファルコーネ」です。メリメの短編小説を劇にしたものを「東京友ちゃん会」で読者有志が上演したところ、その出来栄えの素晴らしさに、改めて撮影を行い、写真物語として本誌に掲載したのです。この劇で主役のマテオを演じたのが宮松さんでした。

愛読者集会の余興とは思えぬほどのクオリティの高さの秘密は、中原淳一が衣装とスタイリングを担当したところにありますが、主演の宮松さんのスター性も大いに貢献しています。

洋子に扮した〈渚の灯〉さん（昭和13年6月号より）　川端康成の「乙女の港」の世界を、挿絵を担当した中原淳一がプロデュースした。「乙女の港」については本書60頁～参照。

「マテオ・ファルコーネ」扉　ロゼットを演じた〈萩戸芳〉さん。

キャストとスタッフとで記念撮影。中央に立つ、黒い帽子を被った背の高い人物が宮松小夜さん。写真提供＝萩戸芳氏

打ち合わせのため、中原淳一の自宅に集まった。前列右から三番目が宮松さん、その左隣が府立第五高女の制服姿の萩戸さん。萩戸さんの後ろが中原淳一。立っている男性が内山基『少女の友』主筆。宮松さんと萩戸さんの親友でフォル役を演じた豊浦千船さんの姿もある（後列右端）。彼女は戦後『ひまわり』にユーモア小説を書き、街夕起子の名で作家活動もした。写真提供＝萩戸芳氏

私の女学校が誌面に！

学校訪問記事・「校風物語」・「女学校詩」

女学校への訪問記

女学生が主な読者であった少女雑誌は、それゆえ女学校とのゆかりが深いものでした。少女雑誌が誕生した明治後期の誌面にも、女学校の写真がたびたび掲載されたり、女学校の教師が寄稿したりしていました。

昭和初期の『少女の友』では、日本各地の女学校への訪問記・「女学校めぐり」が、写真入りで連載されていました。この記事の担当記者「AB子さん」は編集部の海老衣子で、読者の少女たちにはおなじみの存在でした。訪問先の女学生から親しげに話しかけられる様子も記されています。そのためか、写真の女学生たちは、緊張したおすまし顔ではなく、快活で楽しげな笑顔で写っているものが多くあります。

『少女画報』にも女学校の訪問記はよく掲載されていました。同誌の編集者・工藤恒は、仕事でしばしば女学校を訪ねるなかで、各校の校風が一つ一つ違っていることを感じ、「少女時代のこの最も幸福な時期、女学校生活を楽しむために、その学んで居る学校の美しい校風を少しも早く把握

女高師附屬高女

皆さんにとつてとてもなつかしい、あこがれのまとだつた名前お茶の水——の、あの高臺から、いよ〳〵今春落成した、大塚の新校舍の方へお引こしをしました。

門を入つた正面は女高師、右は、小學校と幼稚園です。右が皆さんの高女、コンクリートのスバラシイ建築です。前にも後にも又廣くの方の隅にも廣々としたグランドです。

これが東京市の眞中かしらと思ふほど廣い地所にめぐまれた恐らく東洋一の立派さです。お玄關前に出て少しはにかんでゐる二年生の方たちは校長先生と御一緒にカメラに向ひましたが、一年の方たちは北側のグランドに張つてあるネットの周に集つて、とても元氣にはしやいでゐました。

もう一組は、花壇に入つて遊びました。朝顔が、皆さんの夏のおやすみ中に咲いてしまつて今は、小さな花がなごり惜しさうに咲いてゐました。かたはらに、燃えるやうな紅の雁來紅が皆さんのうれしさうな顔の間からのぞいてゐましたつけ。

種をまかない、また土ならしの出來たばかりの花ばたけが、皆さんの新蒔を心待ちしてゐるかのやうに見えました。校長先生は、私たちをお連れになつて新校舍を一巡りして下さいました。

「まだ〳〵全體としては出來上つてないよ。お玄關にジャリが入つてからにするといいなあ……」なんて仰つしやつてました。秋の運動會までにはもつと〳〵スバラシクなる事でせう、ではサヨーウナラ又まゐりませう。

三輪田高女

石疊のご門を入つてづつと奥にあるグランドに出ました。

面白いお話のお上手な校長先生は、今日はお顔が見えません。お體操の佐藤せつ子先生が出てらして色んなところを見せて下さいました。

お體操よりも皆さんの茶目ぶりなスケッチした方が面白いと思つたものですから、カメラマンは色々と注文をしました。

遊動圓木にまたがつて、ギイ〳〵ギイあぶないほどふつてゐます、…に集つた、朗らかさは、ほんた…しくなつた位でした。なわとびスなども見せて下さいました。

御門を入つた右にある、先代の校長先生眞佐子女史の銅像の前に、皆さんが集つて來たところを、バックにしてとりました。

何んとなく新學期のよろこびも靜かさがあります。

それはきつと、今日は一年生の補缺試驗があるので、きつと皆さんはつて胸をどらせて入學試驗を受けたその頃を想つて、何んとなく想ひやりの靜かさでせうと思ひました。

お茶をくんで下さつたボーイさんまで花笑をしのばせてゐました。感心して私たちもこつそりとサヨナラしました。

「小学校・女学校めぐり」『少女の友』昭和10年（1935）11月号

●校風物語《こうふうものがたり》●

ミドリの名作《めいさく》

（横濱フエリス和英高女の巻）

工藤恒

高畠華宵畫

世界の港ヨコハマ――

その山手の丘の上に王冠のやうに建てられて居るフェリス女學校。

夕、港に泊る汽船の笛に靜かに暮れてゆく時、最初の星は先づその上にまたゝき初め、朝、太平洋の波の上に生れた微風は、窓の外の棕櫚の葉をさわやかに搖する。

いつか獻堂式の時、カイバー記念講堂で、シェーファー校長先生が、

「（この建物が有する三つの特色）……第三に外部に表れて居る多くの石の柱が、地面から直立してその頂端が普通一般の建物のやうに屋根の所で遮られ行き詰つて居ないことである。その精神は、それを見る人々の眼は自然に下部から柱に沿ふて登り、建物の上邊で停止することなく、そのまゝ大空の中に入つて行くのである。これを譬へば、我々が富士山を仰ぎ見る時に、それを望む我々の眼とそして思想とが、頂上に於て大空に溶け入ると同じである。」

と仰言つたやうに、その建物が美しい教訓を無言のうちに示して居る鐵筋コンクリート、建坪千八百七十餘坪、落着のいゝ鐵平石の柱の威嚴と親和を感じさせる校舎――。

＊

明るい輝かしい夏の陽が、校庭のよく手入れの届いた芝生の上に降つて居ました。

暑い――

と云つても、この高臺には、海からまつすぐに吹いて來るさわやかな風が、潮の香をふくんで少女達のお下髪のリボンをゆするほどの涼しさがありました。

二年A組の淺木ミドリ達は、芝生の上に圓く坐つて居りました。

森田先生の修身の時間なのでした。

修身の時間――と云ふと何となく固苦しいお講義を少女達が一生懸命に伺つて居るやうに思はれますが、自學自習を文字通りに生かして居る、このフェリス女學校では隔週毎に自分達の精神上の疑問を自分自身で解決してゆく樂しい修養の時間になるのでした。

各自が持ち出す疑問――。

それについての眞面目な研究――。

折々起る明るい笑ひ聲――。

瞑想家の葉山さんが、

「ねえ、神の御榮つて言葉があるでせう？　例へば、それは神の御榮を示さんがためなりとか云ふやうな――あれ、如何いふ意味なのでせう……」

と少女達を見渡しましたので、座長のミドリが、

「御榮ね？」

と頷きますと、

「えゝ。漠然とはこんな意味だと分つて居るけれど、もつとはつきりと言葉で説明して頂きたいの。」

「さうね。」

少女達が考へ込んだ時、

「ミサカエ、ツて神と人との區別つてことぢやないの。」

と云ひ出したのは級の茶目の三輪さんでした。葉山さんは

68　69

工藤恒（文）、高畠華宵（画）「校風物語　ミドリの名作（横浜フェリス和英高女の巻）」『少女画報』昭和6年（1931）8月号

校風物語《こうふうものがたり》

純《じゅん》愛《あい》の鐘《かね》は鳴《な》る

――淑徳女學校の巻――

工藤恒

高畠華宵畫

一

海から引き上げて來た少女達は、監督の小池先生を眞中に、宿舎になつて居る光明寺の一室に集りました。先生は眞黒になつたお顔を、タオルでふきながら、快活な微笑と共に、

「都川さん」

と佐智子に仰いました。

「はい。」佐智子はその淋しい顔を上げました。

「都川さんは、この鎌倉へ來てから、すつかり元氣が出ましたね。やはり海はいゝですか？」

「えゝ。」

「でも初めて日本へ來た時は、淋しさうでしたね。」

「えゝ。」

「四月の幾日でしたね？」

「十六日でした。横濱に着いて、そしてお迎へに來て下すつた先生とお友達と御一緒に東京にまゐりました。本當に東京を見た時には驚きました。悪い道、小さい家――寄宿舎へ行つて見ますと、眞四角なお部屋に、たゞ小さな箱に火が燃えて居るだけでせう。寒くつて、淋しくつて、坐つて居ると自然と悲しくなつてきて、お家へ歸りたくなりました……。」

「無理もありませんね。」

先生は驚いたやうな眼をなさいました。

「はい。あんな寒い日は、布哇《ハワイ》では一年に一度あるか無しでございます。」

と佐智子は云つて、

「そんなに布哇《ハワイ》つて温かい所？」

と訊ねた永倉照子に、

「えゝ。」

とやさしく頷きました。

仲良しの佐智子と照子でした。そして二人が仲良しになつたのは佐智子が日本へ來て間もないある日――

佐智子は、この四月、日本の女學校生活――故國の幸ある少女の生活を味はせたいといふ御父様お母様の御希望で、はるばると太平洋の海を越えて淑徳女學校に學ぶことになつたのでした。やはり布哇《ハワイ》から佐智子と前後して淑徳を志望して來た靜江さん、瑠美子さんと共に、いづれも實科三年に編入されたのでした。

常夏の國布哇《ハワイ》から來た三人の少女――

淑徳女學校全景

50　51

工藤恒（文）、高畠華宵（画）「校風物語　純愛の鐘は鳴る ―淑徳女学校の巻―」『少女画報』昭和6年9月号

しなければいけない」と思い、「各女学校の校風物語」を書くことを思い立ったといいます（工藤恒『女学校校風物語』木星社書院　昭和七年［一九三二］序文より）。

「校風物語」は昭和六年（一九三一）の『少女画報』に八話連載され、一話ごとに実在の女学校をモデルとしたストーリーとなっていました。工藤はこの物語の執筆のため各女学校を訪ね授業を参観したり、教師から説明をうけたりしたといい、学校側もこの企画に協力的だったようです。作中に校歌が登場したり、実際の校舎の写真がともに掲載されたりしている回などもあります。

各話の挿絵は深谷美保子、一木《いちき》弴《とん》、高畠《たかばたけ》華宵《かしょう》らの挿絵画家が手がけました。華宵が挿絵を担当した「ミドリの名作」（横浜フェリス和英高女の巻）では、稲村ケ崎の高畠華宵の家も登場。「華宵御殿」と呼ばれたこの家の様子は雑誌に紹介されることもあり、多数の女学生が家の側に並んで華宵が顔を出すまで呼びかけたり、華宵に会いたいがために家出をして訪ねてきたりする女学生もいたとのこと。現実のトピックスが織り交ぜられていることによって、少女たちはよりリアルにこの物語を楽しんでいたことでしょう。「校風物語」が単行本化された際には、「全国高等女学校案内」が収録されており、この物語には学校案内としての機能もあったようです。

西條八十（詩）、高畠華宵（画）「女学校詩
名古屋市立第一高等女学校　白きライン」『少女画報』昭和6年10月号

女学校詩

『少女画報』では同年から翌年にかけ、「女学校詩」も連載されました。詩人・西條八十《さいじょうやそ》が実在の女学校を題材に各校の詩を作り、挿絵画家の絵とともに掲載されました。制服や校舎などの様子が描写され、校風や徽章《きしょう》などが詩の中に織り込まれています。詩には曲もつけられており、中《なか》山晋平《やましんぺい》、草川信、橋本国彦などが作曲した楽譜が掲載されていました。

東京市立第一高等女学校（現・東京都立深川高等学校）を題材とした「海の乙女」では、「姉のやさしき縫針は　妹の衣を縫ひをへぬ。」と詠われていますが、これは新入生の制服を上級生の生徒が製作して贈る習慣からきているとのこと。また、東京府立第一高等女学校（現・東京都立白鷗高等学校）を題材にした「愛のオアシス」の中に登場する「アルモンド・タワー」とは校内にあった時計塔のことで、同校のシンボルでした。「女学校詩」の雑誌掲載時の挿絵は蕗谷虹児《ふきやこうじ》、加藤まさを、深谷美保子、高畠華宵、松本かつぢらが手がけています。女学生にとってスター的存在だった詩人や挿絵画家による、自分の学校をモチーフとした作品に、少女たちは胸を躍らせ、自校への誇りを一層高めたことでしょう。（中川春香／なかがわ・はるか／弥生美術館学芸員）

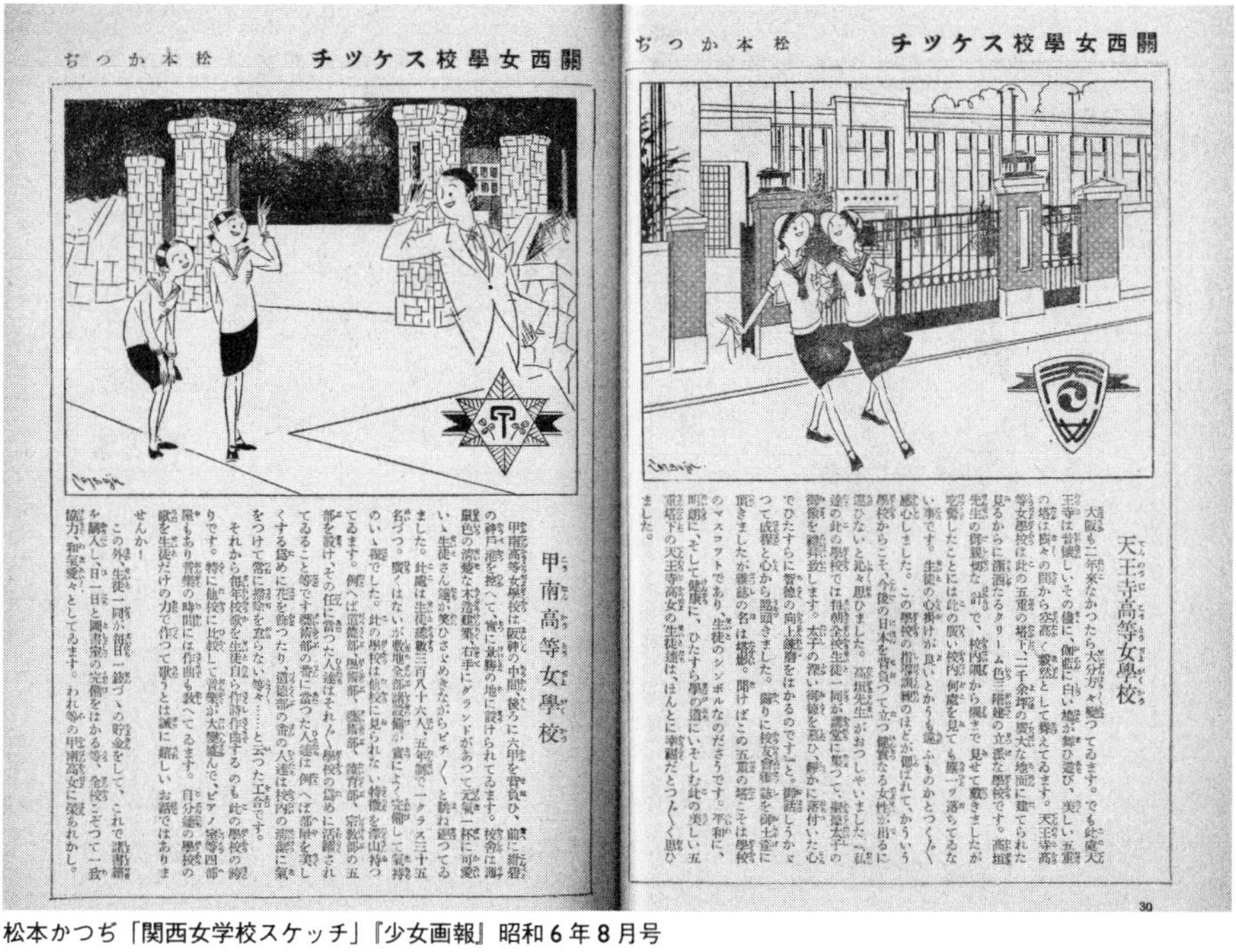

松本かつぢ「関西女学校スケッチ」『少女画報』昭和6年8月号

主要参考文献

跡見学園女子大学花蹊記念資料館「跡見学校の校服をたどる——明治・大正期の女学生——」1998年9月
遠藤寛子『「少女の友」とその時代——編集者の勇気　内山基——』本の泉社　2004年1月
奥田環「資料が語る高等女学校の時代——お茶の水女子大学附属高等学校における資料調査報告——」『お茶の水女子大学博物館実習報告 第19号』2004年1月
お茶の水女子大学附属高等学校・お茶の水女子大学博物館学研究室『お茶の水女子大学附属高等学校　創立120周年記念展示会図録』2003年1月
鎌倉市教育委員会『鎌倉市吉屋信子記念館』1998年3月
唐澤富太郎『女子学生の歴史』木耳社　1979年4月
桑田直子「1920—30年代高等女学校における洋装制服の普及過程——洋服化志向および制服化志向の学校間差違に注目して」(『日本の教育史学』39所収)教育史学会　1996年
小柴昌子『高等女学校史序説』銀河書房　1988年5月
小山静子『良妻賢母という規範』勁草書房　1991年10月
斉藤美奈子『モダンガール論　女の子には出世の道が二つある』マガジンハウス　2000年12月
佐藤秀夫『日本の教育課題2——服装・頭髪と学校』東京法令出版　1996年1月
文部省『学制百年史(資料編)』1972年10月
文部省『日本の教育統計』1971年4月
西村絢子・福田須美子「高等女学校生徒の服装の変遷についての一考察」(『日本の教育史学』32所収)教育史学会　1989年10月

協力者(敬称略・五十音順)

遠藤寛子
加藤万太郎
門田昌子
川口汐子
古賀三枝子
小暮玲子
中野澤子
中原蒼二
中原利加子
二森 騏
花田みよ
林 利根
蕗谷龍生
三上美都
宮坂和子
吉屋幸子

お茶の水女子大学附属高等学校
学校法人跡見学園
国書刊行会
ひまわりや
早稲田大学會津八一記念博物館

増補版へのあとがき

本書が初めて世に出たのが二〇〇五年（平成一七）。長く読み継がれていることを嬉しく思います。

新米学芸員だった一九九八年（平成一〇）、昭和初期に雑誌『少女の友』の愛読者だった方々とひょんなことから出会ったことが、すべての始まりでした。すてきな老婦人方が目をキラキラさせながら当時のペンネームで呼び合う姿に目を見はりました。この雑誌愛はどこからくるのか？　なぜ、齢《よわい》七〇、八〇を重ねても、昨日のことのように語れるのか？　この光景に驚き、自分なりに調べてゆくうちに、昭和初期の少女雑誌文化・女学生文化にすっかり魅了されてしまいました。そして、この世界を知ってしまったからには、誰かに伝えたい。伝えなくては。そう思って拙いながらも懸命に、本書を編みました。

あの時、導いてくださいました皆さまに心より御礼申し上げます。

時は流れ、今はご教示くださった多くの方が鬼籍《きせき》に入られました。おひとりおひとりを懐かしく思い出し、感謝の思いをかみしめています。その一方で、皆さまの思いを受け継ぐことができているのだろうかと、身が引き締まる思いでもいます。

このたびの増補版刊行が一つの答えになっていればと願うばかりです。

本書をお読みになった方が、自分たちのお祖母さまや、ひいお祖母さまの時代に、こんなすてきな少女文化があったことを知り、この青春が今の自分に続いているのだと感じてくださったら嬉しいです。

もっとも、この華やかさは、儚《はかな》さと表裏一体のものでもありました。昭和のはじめ、日本は軍国主義へとひた走っていました。本書で紹介した女学生生活の周辺には戦争の暗い影がしのびよっていたのです。一九四〇年（昭和一五）には中原淳一の執筆差し止めというショッキングな事件が起こり、それ以降は暗闇が女学生たちを覆ってしまいます。

その後の闇が深かったからこそ、あの方々は、それ以前の女学生生活をひときわ明るく華やいだものとして胸に刻みつけたのでしょうか。

そうした面があったにしても、彼女たちは戦中・戦後をたくましく生き抜き、妻となり、母となり、あるいは職業婦人となり、日本の高度経済成長を支えました。昔を懐かしむだけではない力強さが朗らかな笑顔に宿っていたと私は感じています。

＊＊＊

学生時代に本書の読者でいてくれた中川春香さんは、今は弥生美術館での頼れる同僚となり、今回は執筆者として参加してくれました。今後、河出書房新社からは、吉屋信子の少女小説が続々と新たな装いで刊行されるときいています。本書がつないだ輪はささやかなものですが、この輪が次の輪へとつながりますよう願っています。

二〇二三年七月吉日

弥生美術館学芸員　内田静枝

[編者紹介]

内田静枝（うちだ・しずえ）

1969年、埼玉県生まれ。弥生美術館学芸員。
玉川大学大学院文学研究科修士課程修了。平成9年より現職。
主な編著書に「『少女の友』創刊100周年記念号」（実業之日本社）、
『松本かつぢ』『中原淳一』『セーラー服と女学生』
『ニッポン制服百年史』（いずれも河出書房新社）などがある。

増補版
女學生手帖
大正・昭和　乙女らいふ

2005年4月30日　初版発行
2014年12月30日　新装版初版発行
2023年8月20日　増補版初版印刷
2023年8月30日　増補版初版発行

編者　弥生美術館　内田静枝
発行者　小野寺優
発行所　株式会社河出書房新社
〒151-0051 東京都渋谷区千駄ヶ谷 2-32-2
電話　03-3404-1201（営業）
　　　03-3404-8611（編集）
https://www.kawade.co.jp/
装幀・レイアウト　澤地真由美
印刷　凸版印刷株式会社
製本　大口製本印刷株式会社
Printed in Japan

ISBN978-4-309-75055-2